Echt abgehoben!

Faszination Modellhelikopter

Stefan Pichel

Der Autor ist seit 2004 begeisteter Modellhelikopterpilot.
Der Einstieg geschah mit einem Dragonfly 4 der Firma
Walkera. Schnell folgten andere Elektromodelle.

Er unterhält eine Informationsseite über den Modellheli:
http://www.heli-spass.de
Email: abgehoben@heli-spass.de

Fotomodelle: Elena Gromow, Carin Harmeier
Lektoren: Thomas Strauß, Cora Langenbuch

Kulisse Buchblock-Titelbild: Helipad der Asklepios Klinik Barmbek

Bibliografische Information der Deutschen Nationalbibliothek
Die Deutsche Nationalbibliothek verzeichnet diese Publikation in der Deutschen Nationalbibliografie;
detaillierte bibliografische Daten sind im Internet über http://dnb.d-nb.de abrufbar.

Herstellung und Verlag: Books on Demand GmbH, Norderstedt

ISBN 978-3-8370-0521-9

Inhaltsverzeichnis

Vorwort

Was für ein faszinierender Anblick, wenn ein Modell-Helikopter ruhig schwebend durch die Lüfte gleitet! Alles sieht so einfach aus, dass man dem Piloten am liebsten die Fernsteuerung aus der Hand nehmen möchte, um mal selbst die Kontrolle zu übernehmen. Nicht nur ein Profi-Pilot würde sich dem aber vehement widersetzen, denn was so elegant aussieht, ist in der Regel das Ergebnis fleißigen Übens und der Investition in viele Ersatzteile.

Dieses Büchlein soll den steinigen und kurvigen Weg zum Heli-Piloten etwas begradigen. Nach der Lektüre wird man sich nicht unbedingt sofort als Teilnehmer zur deutschen Meisterschaft anmelden können, aber diese Seiten sollen Hilfestellungen beim Einstieg geben, und man kennt danach zumindest einige der Fallstricke, über die fast jeder Anfänger stolpert und

die dieses Hobby unter anderem so teuer machen.

Mit diesem Büchlein möchte ich die Erfahrungen weitergeben, die ich im Laufe meiner Modellpiloten"karriere" gesammelt habe. Der Modellflug ist aber keine exakte Wissenschaft und zu vielen Themen gibt es mehr Meinungen, als es überhaupt Piloten gibt. Außerdem kommen ständig neue Modelle und Zusatzartikel auf den Markt, so dass dieses Büchlein nur einen Ausschnitt aus diesem Spektrum zeigen kann. Zudem habe ich mich stets auf das beschränkt, was ich selber besessen und ausprobiert habe.

Steigen Sie ein und lassen Sie sich faszinieren!

Stefan Pichel, August 2007

Einführung

Das Buch ist in verschiedene große Kapitel untergliedert. Im ersten Kapitel werden die Grundlagen erläutert. Wie teuer ist der Einstieg? Was muss ich als angehender Pilot beachten? Wo bekomme ich weiterführende Informationen zum Thema?

Daran schließt sich ein eigenes Kapitel über die Bestandteile eines Helis an. Dieses soll die Kaufentscheidung unterstützen. Es werden die verschiedenen Typen mit ihren Vor- und Nachteilen vorgestellt und was dies für den Einsteiger bedeutet. Genauso wird die nötige Peripherie betrachtet, die als Grundvoraussetzung für den Einstieg vorhanden sein muss (Sender, Akku, usw.).

Ist der Heli nun gekauft oder geliefert worden, so zeigt das nächste Kapitel, welche Einstellungen für einen erfolgreichen Flug durchgeführt werden müssen und wie die diversen Bauteile wieder justiert werden können, um nach Umbauten wieder die Flugtauglichkeit herzustellen.

An einem Heli bastelt man nicht nur, sondern fliegt ihn ab und zu auch! Doch wie erlernt man am kostensparendsten die Steuerung eines so komplexen Fluggeräts? Hierzu bietet ein weiteres Kapitel Hilfestellung. Hier werden die Grundlagen beschrieben, die man kennen sollte, um den Heli kontrolliert in der Luft zu halten. Wer hier die Anleitung zu akrobatischen Profimanövern sucht, der hat sicherlich die Einsteigerphase bereits verlassen und wird hier nicht mehr fündig...

Wer nach der Lektüre der vorangegangenen Kapitel Beispiele wünscht, der findet in einem eigenen Kapitel die Vorstellung konkreter Produkte sowie Zusatzartikel und Hilfsmittel.

Ein weiterer Abschnitt widmet sich Ideen, was man noch so mit einem Heli anstellen kann wie beispielsweise dem Kameraflug.

Nicht fehlen darf auch ein kleiner Exkurs über die manntragenden Hubschrauber.

Zum Abschluss werden in einem Glossar wichtige Begriffe und Abkürzungen erklärt, durch deren Benutzung man schnell den Fachmann vortäuschen kann.

Kosten

Der Modellflug ist prinzipiell weder ein billiges Hobby, noch gehört er zu den teuersten. Es gibt heute fertig zusammengebaute Helimodelle (RTF-Modelle = „Ready-to-fly"-Modelle), die inklusive Fernsteuerung für etwa 100 EUR im Internet angeboten werden. Bessere Fertigmodelle sind schon für 200 EUR zu haben und möchte man mit robusteren Modelle starten, so liegen die Preise dort bei über 500 EUR.

Es wäre unfair zu verschweigen, dass sich zu den Anschaffungskosten (oft schon am ersten Flugtag) weitere Ersatzteilkosten gesellen, die nicht selten schon nach einem Monat den Anschaffungspreis des Helis übersteigen.

Aus diesem Grund sollte der Preis für die früher oder später notwendigen Ersatzteile bei der Kaufentscheidung berücksichtigt werden. Es gibt in Deutschland Händler, die sich auf wenige Helikoptertypen spezialisiert haben. Sie bieten ihre Produkte nicht unbedingt preiswerter an, leisten aber oft einen exzellenten Support. Die Unterstützung beim Einbau von Ersatzteilen kann man nur schwer in Geld umrechnen.

Es ist schwierig, eine allgemeingültige Kaufempfehlung zu geben, aber mit den Informationen in diesem Buch fällt die Entscheidung bei der großen Auswahl an verschiedenen Modellen hoffentlich etwas leichter.

	Typ 1 Reines Indoor-Modell	Typ 2 Indoor+Outdoor	Typ 3 Reines Outdoor-Modell
Gewicht (Gramm)	200-400	500-600	900-1300
Pitch	nein	ja	nein
Beispielmodelle	Dragonfly 4 Ikarus Lama SA-315B	Dragonfly 35/36	LMH
Typ	Fertigmodell (RTF)	Fertigmodell (RTF)	Bausatz
Preis (in €)	100-200	200-300	600 + Sender (100) + Ladetechnik (100)

Die Tabelle soll die einmaligen Anschaffungskosten aufführen, die man ungefähr für einige der in diesem Büchlein vorgestellten Helitypen einkalkulieren muss. Es wird davon ausgegangen, dass es sich um Standardmodelle ohne große Änderungen in der Grundkonfiguration handelt, d.h. Bürstenmotoren und Standardservos bei den RTF-Modellen, Lipos und Brushless-Motoren bei den Bausätzen. Die Preise variieren naturgemäß stark und dürfen nur als grobe Orientierung verstanden werden.

Rechtliche Aspekte

Flugmodelle, die den Luftraum nutzen, gelten in Deutschland rechtlich als Luftfahrzeuge und bilden eine eigene Luftfahrzeugklasse.

Der Betrieb von Flugmodellen wird durch §16 Absatz 4-6 der Luftverkehrsordnung (LuftVO) geregelt. Für alle Modelle gilt eine separate Versicherung; dieses Thema wird in einem gesonderten Kapitel behandelt.

Modelle über 5kg oder mit Verbrennungsmotoren dürfen nur auf zugelassenen Geländen betrieben werden.

Über 25 kg Gewicht muss das Flugmodell einzeln zugelassen werden. Es gelten ähnliche Zulassungsvorschriften wie bei manntragenden Flugzeugen. Der Betrieb derartiger Flugmodelle setzt den Besitz einer Pilotenlizenz voraus und ist nur auf dafür zugelassenen Flugplätzen möglich.

Die „Luft" ist in verschiedene Lufträume eingeteilt, die mit Buchstaben bezeichnet sind. In den kontrollierten Lufträumen C, D und E regelt die Luftverkehrs-Ordnung §16 den Betrieb von Flugmodellen. Im Luftraum D ab Bodenhöhe, der sich meist um die Flughäfen befindet, ist eine „Flugverkehrskontrollfreigabe" von der zuständigen Flugverkehrskontrollstelle einzuholen. Für die anderen Lufträume, die erst ab einer gewissen Höhe beginnen, ist diese Erlaubnis nur einzuholen, wenn beabsichtigt wird, in diesen Höhen zu fliegen. Da es sich beim Fliegen von Helimodellen nicht um das Erreichen einer besonderen Höhe, sondern um das Beherrschen schwieriger Flugmanöver dreht, ist dieser Aspekt für den Modellhelipiloten weniger interessant.

Die Luftraumkarten der DFS (Deutsche Flugsicherung GmbH) kann man beispielsweise bei der Firma Dr. Götze Land und Karte kaufen.

Versicherung

Noch bevor man die ersten Flugversuche startet, muss man über den Abschluss einer (mittlerweile obligatorischen) Haftpflichtversicherung nachdenken. Im Falle eines Schadens kommt die Privathaftpflichtversicherung in der Regel nicht auf. Stattdessen gibt es hierfür spezialisierte Versicherungen. Da man bei ferngesteuerten Geräten immer mit einbeziehen muss, dass man die gesamte Kontrolle über die Steuerung verliert (Störsignale oder ein anderer Pilot funkt auf der gleichen Frequenz), sollte man sich des Risikos bewusst sein!

Einen guten Ruf in der Modellfliegergemeinde genießt die Versicherung des DMFV, des Deutschen Modellflieger Verbands e.V. (Rochusstraße 104-106, 53123 Bonn, Tel.: 0228 / 97 85 00). Die Mitgliedschaft im DMFV kostet 42,00€ im Jahr (Jugendliche, Azubis, Schüler, Studenten, Wehr- und Zivildienstleistende: 12 EUR). Darin enthalten ist die Halter-Haftpflichtversicherung für den Betrieb von Flugmodellen bis 25 kg Startgewicht auf allen europäischen Vereinsplätzen. Durch Abschluss einer Zusatzversicherung (ZV) kann der Betrieb von Flugmodellen bis 50 kg Startgewicht auf der "grünen Wiese" versichert werden.

Der DMFV bietet folgende drei Zusatzversicherungen an (Stand Juli 2007):

- ZV Form 2: Deckungssumme 1,5 Mio. € für Personen- und/oder Sachschäden Prämie: 14,36 € p. a.

- ZV Form 3: Deckungssumme 3,0 Mio. € für Personen- und/oder Sachschäden Prämie: 17,44 € p. a.

- ZV Form 4: Deckungssumme 4,0 Mio. € für Personen- und/oder Sachschäden Prämie: 24,62 € p. a.

Auch die Allianz bietet eine Versicherung an, die Schäden an Personen oder Sachen bis zu € 1,5 Millionen absichert und dabei keine Einschränkungen bezüglich des Modells macht. Sie kostet knapp 93 € pro Jahr (Stand Sommer 2006).
Eine Versicherung ist auch nötig, wenn man auf einem Modellflugplatz starten möchte. Oft wird diese schon bei Eintritt in einen Verein automatisch mit abgeschlossen.

Flugplätze

Wenn man sich darauf beschränkt, sein Modell ausschließlich auf Modellflugplätzen zu fliegen, so hat man mehrere Vorteile.

Zunächst einmal ist die obligatorische Haftpflichtversicherung billiger, wenn man sie beim DMFV abschließt, denn es wird keine Zusatzversicherung nötig, die auch bei Schäden auf der „grünen Wiese" haftet.

In vielen Großstädten und in der Umgebung von Verkehrsflughäfen ist der Luftraum bis zum Boden kontrolliert, d.h. ohne explizite Erlaubnis durch die Luftaufsicht ist das Starten eines Modellfliegers hier nicht erlaubt. Die Betreiber der Modellflugplätze in diesen Regionen kümmern sich um die Einholung dieser Erlaubnis.

Insbesondere im Winter mieten Vereine gerne große Sporthallen, die das Vergnügen auch bei arktischen Temperaturen möglich macht.

Zum Schluss sei bemerkt, dass auch der Erfahrungsaustausch mit anderen Piloten sehr lehrreich ist und die Ausübung des Hobbys in der Gemeinschaft viel mehr Spaß macht!

Informationsquellen

Bücher

Dieter Schlüter
Hubschrauber ferngesteuert
ISBN 3-7883-3126-7

Dieses Buch ist ein Standardwerk, geschrieben von einem Autor, der die Geschichte des Modellhubschraubers maßgeblich mitbestimmt hat. Es enthält wichtige Informationen zum prinzipiellen Aufbau eines Helis und physikalische Erklärungen. Wer die Bauteile und deren Varianten kennen möchte, dem sei dieses Buch empfohlen. Erklärt wird auch die Entwicklung vom Großhubschrauber zum Modell. Allerdings fehlen Infos zu aktuellen Entwicklungen im Bereich Akku-Technik, digitale Steuerung und Elektroantrieb. Wer grundsätzlich verstehen möchte, warum die exakte maßstabsgetreue Nachbildung eines manntragenden Helis

kaum möglich ist, der findet hier die Antwort.

Ernst Bernet
Der Hubschrauber- Theorie und Praxis funkferngesteuerter Helikopter-Modelle
Verlag für Technik und Handwerk, 2006
ISBN 3-88180-030-1

Dieses Buch beschäftigt sich eingehend mit der Theorie des Helikopters. Ausführlich werden Formeln vorgestellt, anhand derer man die Flugeigenschaften des Modells berechnen kann. Das Buch richtet sich vor allem an die Bastler, die ihr Modell nicht nur aus Fertigteilen zusammenbauen, sondern die Einzelteile des Helikopters selbst berechnen und konstruieren wollen. Das letzte Kapitel geht auf das Fliegen des Helikopters ein. Obwohl das Buch mittlerweile in der 3. Auflage (Stand 2006) erhältlich ist, wird der Elektroantrieb noch nicht behandelt.

Norbert Grüntjens
RC-Elektroheli - Der Leitfaden
Ikarus

Ein aktuelles Werk über fast alle Themen des Elektrohelis, ziemlich stark an die Produkte der Firma Ikarus angelehnt.
ISBN 978-3-00-020372-5

Zeitschriften

Um auf dem aktuellen Stand zu bleiben, sollte man sich auch in Fachzeitschriften informieren. Hier findet man nicht nur Infos zu den aktuellen Entwicklungen, sondern auch jede Menge Werbung. Bietet die Werbung auch Informationen über Preis und Umfang des beworbenen Produkts, so verhilft sie zu einer besseren Marktübersicht und kann die Kaufentscheidung vorteilhaft beeinflussen. Aus Platzgründen sollen hier nur zwei prominente Beispiele aufgeführt werden:

Rotor

Diese Zeitschrift aus dem Modellsportverlag kostet am Kiosk in Deutschland 6,40 EUR (Stand August 2007) und versteht sich als die führende Hubschrauber-Fachzeitschrift.

Modellflieger

Als Mitglied im DMFV bekommt man diese Zeitschrift des Deutschen Modellfliegerverbandes regelmäßig zugeschickt. Meistens sind auch einige Artikel speziell über Modellhelikopter enthalten.

Internet: Seiten und Foren

Es gibt im Internet sehr viele Foren und Seiten, die sich mit dem Thema Modellflug auseinander setzen. An dieser Stelle sollen zwei aktive Foren vorgestellt werden, die für angehende Helipiloten sehr interessant sind:

Ein Wiki über den Modellheli. Dies ist eine sehr informative Seite und bietet sich vor allem dann an, wenn man gezielt nach der Information zu einem Stichwort oder Fachbegriff sucht.
http://wiki.rc-heli-fan.org/index.php/Hauptseite

Eine weitere Seite, wo dieses Buch seine Wurzeln hat, findet sich hier:
http://www.heli-spass.de

Forum zum Modellbau, welches sehr gut gepflegte Unterforen zum Thema Modellflug enthält:
http://www.rclineforum.de/forum/index.php

Forum zu allen Aspekten der Walkera-Modelle, die bei Einsteigern aufgrund der billigen Anschaffungs- und Ersatzteilkosten sehr beliebt sind.
http://www.dragonheli.net/ -> Forum

Videos

A. Sopart – M. Koch
DVD „RC-Helikopter – Modellbau in Theorie und Praxis"
www.derspielstein.com, Bestellnr. WK-001

Ein Video für den Einsteiger über alle Themen, die man zum erfolgreichen Einstieg in das Hobby wissen sollte. Besonderes Augenmerk liegt auf den Dragonfly-Modellen der Firma Walkera.

Sonstige Quellen

In jeder Region gibt es Modellflugvereine, deren Mitglieder sicher gerne ihre Modelle vorstellen und Ratschläge erteilen, wenn eine Kaufentscheidung ansteht. Auch der Händler vor Ort ist sicherlich gerne bereit, die Vorteile seiner angebotenen Produkte anzupreisen und vielleicht mal die eine oder andere Flugvorführung zu geben.

Frequenzen

40 Mhz	Modellautos und -schiffe Flugmodelle (Kanäle 50-53)
35 Mhz	A-Band ——————— Flugmodelle B-Band
27 Mhz	alle ferngesteuerten Modelle (meist fertige Einsteigermodelle)

Dem Hobbypiloten stehen folgende Frequenzen zur Verfügung:

27 Mhz: Dies ist eine Frequenz, auf der jeder beliebig senden kann, ohne eine Lizenz dazu zu beantragen. Man teilt sich diese Frequenz also mit sämtlichen ferngesteuerten Modellen, ob es nun Auto-, Schiffs- oder Flugmodelle sind. Die preiswerten Komplettsets verwenden häufig diese Frequenz.

35Mhz: Diese Frequenz ist in Deutschland für den Modellflug reserviert und wird auf den meisten Modellflugplätzen verwendet. Das Frequenzspektrum reicht von 35.030 bis 35.200 Mhz (A-Band) und 35.820-35.910 (B-Band). Auf diesen Bereich verteilen sich die einzelnen Kanäle 63 bis 80 im A-Band und 182 bis 191 im B-Band. Auf Flugplätzen ist es besonders wichtig, eine Doppelbelegung zu vermeiden. In einem solchen Fall ist auch die Versicherungs-leistung eingeschränkt!

Für den Betrieb einer Fernsteuerung auf diesen Frequenzen ist keine Lizenz mehr nötig! Auch in den meisten europäischen Ländern ist es möglich, auf diesen Frequenzen zu senden (Ausnahme Frankreich und Griechenland).

40Mhz: Die Kanäle 50-59 und 81 bis 92 sind in Deutschland eigentlich für Modellautos und Modellschiffe reserviert, aber die unteren Kanäle 50 bis 53 dürfen zusätzlich auch für den Modellflug verwendet werden.

Neben dem Frequenzband (27, 35, 40 Mhz) wird beim Sendeverfahren zwischen FM (Frequenzmodulation) mit PPM oder PCM (Pulse Code Modulation) unterschieden, wobei letzteres zusätzlich Funktionen wie Ausfallsicherung bietet.

In den letzten Monaten sind auch Fertigmodelle mit Infrarot-Sender auf den Markt gekommen. Der Vorteil für den Piloten ist die fehlende Antenne.

Einige Hersteller bieten auch 2,4-Ghz-Sender an. Diese Frequenz wird unter anderem auch für WLAN und Bluetooth verwendet. Für weitergehende Informationen zu dieser Frequenz sei auf die Internetseiten des DFMV verwiesen (www.dmfv.de)

Lehrer-Schüler-System

Wer einmal "hereinriechen" möchte, ohne sich gleich eine komplette Ausrüstung zuzulegen, der sollte sich mal bei einem Verein oder einer Modellflugschule umhören, ob diese ein Lehrer-Schüler-Training anbieten. Bei diesem Training werden zwei Sender miteinander verbunden. Der Lehrer kann mit seinem Sender bei Bedarf eine oder mehrere verschiedene Funktionen des Schülersenders übernehmen. Auch einige Modellbauhändler bieten solche Schnupperkurse an.

Flugsimulatoren

Was so einfach aussieht, gelingt meist nur durch Lernen aus Fehlern und diese führen im Flug meist zu kostspieligen Investitionen in neue Ersatzteile. Besser ist es, wenn man einmalig in einen guten Flugsimulator investiert und sein Modell dort unendlich oft crashen kann, ohne den finanziellen Ruin zu riskieren.

Außerdem lässt sich mit einem Flugsimulator auch gut testen, ob man sich auf das Hobby Modellflug wirklich einlassen möchte. Und ist der Simulationsheli bereits 1000 mal abgestürzt, so lässt sich der Simulator dennoch wieder fast zum Neupreis verkaufen. Versuchen Sie dies mal mit einem Gebrauchtheli nach 1000 Abstürzen...!

Die Benutzung eines Flugsimulators sollte immer der erste Schritt beim Erlernen des Modellflugs sein, ob es nun ein Tragflächenmodell oder ein Heli ist. Die verschiedenen Programme unterscheiden sich sowohl stark in ihrem Funktionsumfang als auch in ihren Preisen.

Es gibt einen kostenlosen Flugsimulator namens "FMS". Dieser ist auf die zum Steuern von Modellen wichtigen Funktionen beschränkt. Es können neben normalen Gamepads oder Joysticks auch Fernbedienungen angeschlossen werden. Joysticks bieten sich für Helis jedoch nicht an, weil sie nur 2 Steuerachsen besitzen. Bei der Simulation von Tragflächenmodellen am FMS sind sie eingeschränkt nutzbar, wenn man keinen Wert auf eine Ansteuerung der Querruder legt. Möchte man aber jene

Fernsteuerung am FMS benutzen, mit der man auch später den eigenen Heli steuern möchte, so muss der Rechner über einen seriellen Port verfügen und man benötigt ein spezielles Anschlusskabel. Dieses liegt vielen Fertigmodellen schon bei.

Ein kommerziell vertriebener Simulator ist der Reflex XTR. Dieses Profi-Produkt simuliert nicht nur die Flugeigenschaften fast perfekt, sondern gibt dem Benutzer auch das Gefühl, in einer richtigen Landschaft zu fliegen. Als Hintergrund dienen echte Fotoaufnahmen, die die Realität ziemlich genau wiedergeben. Der Benutzer hat viele Möglichkeiten, die Flugbedingungen anzupassen (z.B. Einstellungen für Windverhältnisse, Böen, Ausfallwahrscheinlichkeiten, etc.). Die Software wird mit einem USB-Interface zum Anschluss der Fernsteuerung geliefert. Dieses USB-Interface dient auch gleichzeitig als Dongle. Die Verwendung eines Joysticks/Gamepads ist nicht vorgesehen. Die Version 5.04 gibt es auch als Reflex XTR iVol mit der Steuerung iVol, da mehr und mehr Kunden mit dem Simulator ohne eigenen Sender einsteigen. Den iVol kann man später zu einem echten Sender aufrüsten.

Es gibt noch viele weitere Flugsimulatoren, auf die hier aus Platzgründen nicht weiter eingegangen werden kann. Von den kommerziellen Programmen gibt es fast immer kostenlose Demo-Versionen, die die Kaufentscheidung leichter machen.

Die "Flusis" Reflex XTR und FMS

Umweltbilanz

Der Modellflug stand lange in dem Ruf, laut und ökologisch nicht vertretbar zu sein. Ist der Ruf erst ruiniert, dann... Aber im Gegensatz zu den Verbrennern sollen die heutigen Elektromodelle nicht nur wesentlich leiser, sondern auch umweltfreundlicher sein. Leiser sind die E-Helis auf jeden Fall geworden. Doch ein Hubschrauber, ob als kleine Modellvariante oder als großer manntragender Wolkenquirl, ist leider keine sehr aerodynamische Konstruktion, sondern benötigt zum Betrieb sehr viel Energie. Lassen sich also die Vorurteile mit den Elektromodellen entkräften?

Die meisten Piloten dürften Modellhelikopter fliegen, deren Akkus Kapazitäten von 2000 mAh bis 5000 mAh besitzen. Damit können Helis bis zu 30 Minuten fliegen.

Wie viel "kostet" nun eine Akkufüllung? Für eine theoretische Analyse sei angenommen, dass die Ladetechnik ideal sei (keine Wärmebildung, keine Leckströme, usw.). Diese Idealisierung gleicht möglicherweise die Tatsache aus, dass ein Akku niemals vor einer Ladung komplett entleert war, denn durch eine Tiefentladung wäre der Akku zerstört worden.

Gehen wir von einem 7,4-Volt-Akku mit einer Kapazität von 5000 mAh aus (Standard Lipo-Akku beim LMH), so sind zum Laden $7.4V*5Ah=37Wh$ angefallen. Nehmen wir an, dass der Preis einer kWh 30 Cent sei, so hat eine Akkufüllung 1,11 Cent gekostet.

Im Vergleich: Für das einstündige Leuchten einer 100 Watt Glühbirne müssen wir den Preis für 100Wh bezahlen, das sind nach obigem Preisbeispiel also 3 Cent.

Außerdem sollte man aber noch festhalten, dass die Akkus eine begrenzte Lebensdauer haben und leider auch noch viel zu häufig die sehr schädlichen NiCd-Akkus eingesetzt werden.

Viele Modelle bestehen zu großen Teilen aus Aluminium-Bauteilen, für deren Herstellung viel Energie benötigt wird. Eine Berechnung ist hier nur schwer möglich.

Es gibt viele andere Hobbys, die wesentlich mehr Energie erfordern und die Umwelt in weit größerem Maße schädigen (Motorsport), aber eine Sensibilisierung für das Thema Umweltschutz ist natürlich immer angebracht.

Discountläden und den Billigimporten aus dem asiatischen Raum sind die Preise in den letzten Jahren drastisch gesunken. Zusätzlich ist im Bereich der Akkutechnik ein großer technologischer Fortschritt zu verzeichnen, der auch komplexe Antriebstechnik zu moderaten Preisen ermöglicht.

Die Angebote im Bereich Modellhelikopter sind sehr vielfältig und kaum ein Anbieter vergisst in der Beschreibung zu erwähnen, wie geeignet das Produkt für den Einsteiger sei. So groß die Auswahl ist, so verschieden sind auch die Bauweisen und Ausstattungsmerkmale.

Insbesondere durch den Preisdruck von

Dem Einsteiger wird es schwerfallen, aufgrund der Produktangaben und blumigen Versprechen der Verkäufer die beworbenen Helis richtig einzuschätzen. Auf den folgenden Seiten sollen daher verschiedenen Helitypen vorgestellt und einzelne Bauteile in ihren unterschiedlichen Varianten erläutert werden. Mit diesem Wissen sollte es leichter fallen, einen Weg durch das Dickicht der zahllosen Offerten zu einem geeigneten Helikopter zu finden, der den eigenen Vorstellungen am ehesten entspricht.

Pitch oder Drehzahl

Es gibt verschiedene Arten, wie der Helikopter seine Höhe ändern kann. Eine Variante ist die Steuerung durch Verändern der Rotordrehzahl, eine andere ist die Modifikation der Blattanstellung bei annähernd gleicher Rotordrehzahl ("Pitch-gesteuert"). Es sind natürlich sowohl Mischformen möglich, als auch bei vielen Modellen die freie Wahl des Betriebsmodus.

Rein drehzahlgesteuerte Modelle ("FP": Fixed Pitch) sind in ihrem Aufbau einfacher konstruiert und nach Kollisionen leichter zu reparieren. Sie eignen sich insbesondere für den Einstieg, da sie weniger Einstellarbeit erfordern. Befindet sich der Heli in einer unkontrollierbaren Flugsituation, so muss der Anfänger die Motorleistung nur auf Null drehen, und der Heli wird sofort auf den Boden stürzen. Dies klingt vielleicht nach Ironie, ist aber ernst gemeint, denn ein solcher Absturz ist besser als ein un-

kontrolliert in eine Richtung wegschleudernder Heli, der womöglich in einer Menschengruppe landet. Außerdem halten sich Schäden bei einem solchen Absturz in Grenzen, weil die Rotoren ja nicht mehr angetrieben werden und die Wucht beim Aufprall besser absorbieren können.

Ein Nachteil dieser Konstruktionen ist die Trägheit. Drehzahländerungen haben eine gewisse Reaktionszeit. Außerdem können diese Helis nicht beliebig schnell zu Boden sinken, da für eine hohe Sinkgeschwindigkeit eine starke Reduzierung der Drehzahl nötig ist. Dies führt zu einer Instabilität des Helis.

Modelle, die durch die Blattanstellung die Leistung variieren (im Schwebeflug damit die Höhe ändern), also „pitch-gesteuert" sind, kommen den realen Hubschraubern näher. Diese

"FP": Festpitch

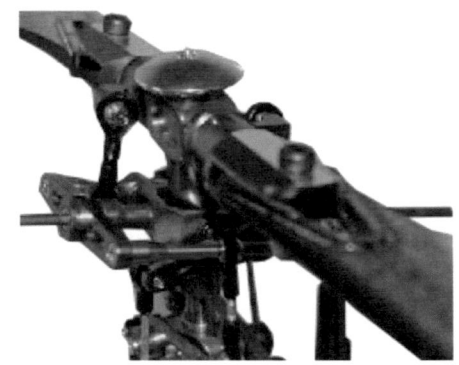

"CP": Collective Pitch

Modelle werden oft als CP-Helis bezeichnet. CP steht für Collective Pitch und steht für die nicht-zyklische Blattanstellung. Durch die annähernd immer gleich hohe Drehzahl (siehe Kapitel Gaskurve) liegen diese Modelle viel ruhiger in der Luft und lassen spontane und schnelle Höhenänderungen zu. Nur mit diesen Typen ist wirklicher 3D-Flug möglich, bei dem der Helikopter beispielsweise einem Rasenmäher ähnlich mit dem Rotor zum Boden gewandt über das Gras schwebt.

Diese Fähigkeiten der pitchgesteuerten Modelle werden mit einigen Nachteilen erkauft. Der größte Nachteil ist gerade für den Einsteiger relevant:
Stürzt der Heli ab, so besteht eine höhere Gefahr, dass die Rotorblätter mit hoher Drehzahl den Boden berühren, so dass nicht selten viele Teile inklusive der Hauptrotorwelle ausgetauscht werden müssen. Nicht zu vernach-

lässigen ist auch die anschließende Einstellarbeit zum Wiederherstellen der Flugfähigkeit.
Für die Pitchsteuerung ist des Weiteren ein zusätzlicher Servo nötig, der natürlich auch von der Fernsteuerung bedient werden muss. Kauft man Heli und Funke unabhängig voneinander, so ist darauf zu achten, dass der Sender diesen Pitch durch einen Extra-Kanal ansteuern kann; es sind also mindestens 5 Kanäle nötig! Es gibt allerdings einige Helis (z.B. die ECO-Serie), die diese „Intelligenz" auf dem Board auf dem Heli untergebracht haben, so dass das Mischen der Kanäle komplett am Heli passiert.

Ein Vergleich der beiden Rotortypaufhängungen im Bild zeigt, dass ein CP-Heli eine viel komplexere Mechanik besitzt als ein FP-Heli, so dass die Reparatur nach einem Crash eines CP-Helis mehr Aufwand bedeutet.

Helis mit Koaxialrotor

In diesem kleinen Abschnitt soll kurz auf Helikopter mit Koaxialrotor eingegangen werden. Bei diesem Helityp handelt es sich um Helis mit gegenläufigen, übereinander angeordneten Rotoren. Diese Konstruktion hat den Vorteil, dass das Drehmoment nicht mehr mit dem Heckrotor ausgeglichen werden muss. Auf den Heckrotor kann man sogar komplett verzichten, wenn man das Drehen um die Hochachse (Gieren) durch differentielle Ansteuerung von entweder Drehzahl oder Pitch der Rotoren regelt.

Als Einsteigermodell ist ein solcher Heli durch-

aus geeignet, insbesondere in Innenräumen lassen sich diese Helis gut fliegen. Die Modelle sind eigenstabil, d.h. sie streben nicht dazu, in alle Richtungen auszubrechen. Die heutigen auf dem Markt erhältlichen Modelle diesen Bautyps sind allerdings sehr leicht und konstruktionsbedingt etwas träge, so dass sie sich nur bei absoluter Windstille draußen fliegen lassen. Fortgeschrittene Manöver (Rückenflug, Autorotation) sind mit den zur Zeit auf dem Markt erhältlichen Modell nicht möglich. Meistens werden die Koax-Helis schon als fertig aufgebaute Modelle angeboten.

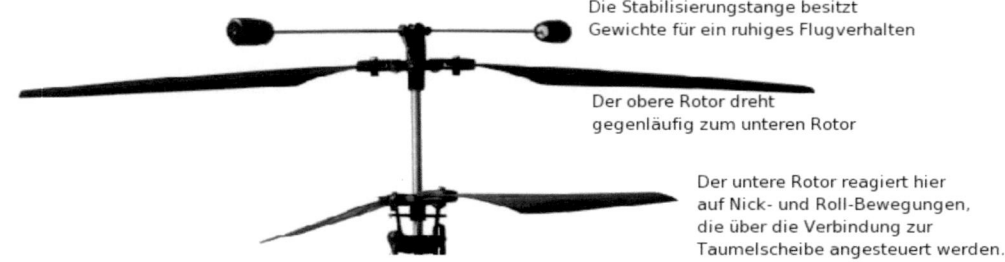

Die Stabilisierungstange besitzt
Gewichte für ein ruhiges Flugverhalten

Der obere Rotor dreht
gegenläufig zum unteren Rotor

Der untere Rotor reagiert hier
auf Nick- und Roll-Bewegungen,
die über die Verbindung zur
Taumelscheibe angesteuert werden.

In der Abbildung wird ein Doppelrotorsystem gezeigt. Man erkennt die Stabilisierungsstange mit den Gewichten, die für einen ruhigen Flug erforderlich sind und bei einrotorigen Helis in den Paddeln oder an den Paddelstangen untergebracht sind. Die beiden Hauptrotoren drehen in entgegengesetzte Richtungen. Nur ein Rotor ist für die Nick- und Roll-Bewegungen zuständig.

Groß oder Klein

Eigentlich sollte die Frage heißen, ob man sich einen leichten oder schweren Heli zulegen sollte, um das Fliegen zu erlernen. Leider gibt es auch da keine eindeutige Antwort. Die leichten und damit kleinen Modelle sind in der Regel viel preiswerter und die Preise für die Ersatzteile halten sich meist auch in einem vertretbaren Rahmen. Allerdings sind diese leichten Modelle wesentlich schwieriger zu fliegen (Ausnahme: Koaxialhelis bei Windstille oder einige ultraleichte 2-Kanal-Modelle für den Flug im Wohnzimmer) und führen schnell zu starker Frustration. Selbst Profis haben Probleme, diese kleinen Libellen bei etwas Wind oder nahe des Bodens ruhig zu halten (dort ist das Fliegen aufgrund des Bodeneffekts sehr anspruchsvoll). Beherrscht man jedoch so ein kleines Ding, dann sind die großen Geräte fast keine Herausforderungen mehr. Besonders im Winter kann es natürlich reizvoll sein, einen kleinen und leichten Heli durchs heimische Wohnzimmer zu steuern.

Die großen und schweren Modelle liegen träger in der Luft und sie lassen sich auch in Bodennähe (und dort wird der Anfänger hauptsächlich üben) leichter kontrollieren. In der Luft lässt sich ihre Fluglage aufgrund ihrer Größe besser einschätzen. Wenn es aber dennoch zu einer harten Notlandung kommt, sind die Kosten deutlich höher.

Wer davon ausgeht, sich nicht von den ersten Misserfolgen einschüchtern zu lassen, aber auf einigermaßen leichtem Weg das Fliegen erlernen möchte, sollte zu einem Modell über 1kg greifen.

"Bürstenfeger" oder "Brushless"

Unter Brushless-Motoren versteht man Motoren, die keine Bürsten (Schleifkontakte) besitzen, um die Wicklungen kontrolliert mit Strom zu versorgen. Stattdessen regelt ein speziell auf diesen Motortyp abgestimmter Controller durch geeignete Aktivierung der Magnetfelder den Brushless-Motor.

Während bei den Bürstenmotoren die Lebensdauer durch die Abnutzung der Kohlebürsten begrenzt ist, sind bei bürstenlosen Motoren nur die Lager der limitierende Faktor. Daher besitzen Brushless-Motoren eine etwa 10-20 fach längere Lebensdauer.

Ein weiterer Vorteil ist die größere Leistungsausbeute, da die fehlenden Schleifer auch keine Reibung haben und insgesamt weniger Hitze entwickelt wird.

Leider sind Brushless-Motoren auch um etwa den Faktor 10 teurer als die „Bürstenfeger". Aus diesem Grund findet man sie selten in preiswerten Fertigmodellen. Eine spätere Umrüstung ist zwar immer möglich, jedoch muss dazu der Motorcontroller ausgetauscht werden. Da aber viele Fertigmodelle (z.B. Dragonfly 4) alle Steuerkomponenten (Empfänger, Controller, Gyro) in einem einzigen Bauteil untergebracht haben, kann eine solche Umrüstung teuer werden. Bei vielen asiatischen Modellen (z.B. alle Walkera-Modelle) ist das Funkprotokoll nicht kompatibel mit den in Europa üblicherweise verwendeten Protokollen, so dass in einem solchen Fall bei einem Austausch des Empfängers auch die Fernsteuerung ausgetauscht werden muss!

Akkutechnik und Flugzeiten

In heutigen Elektromodellen (Verbrennermodelle werden in dieser Broschüre nicht betrachtet) werden in der Regel NiCd, NiMh oder Lipo-Akkus verwendet. Die preiswerten Fertigmodelle sind fast ausnahmslos für NiCd-Akkus ausgelegt. Mit den beiliegenden Akkus lassen sich je nach Flugstil und -höhe Flugzeiten von 3-10 Minuten erreichen.

Die umweltfreundlicheren NiMh-Akkus sind eher unbeliebt, weil sie meist teurer sind und weniger für höhere Ströme geeignet sind.

Am leistungsfähigsten sind die Lithium-Polymer-Akkus („Lipos"). Allerdings ist dies auch die teuerste Technik, sowohl was die Akkus als auch die Ladetechnik betrifft. Mit Lipos sind Flugzeiten von mehr als 30 Minuten möglich. Da die minimale Abschaltspannung bei NiCds und Lipos unterschiedlich ist, muss bei einer späteren Umrüstung von NiCd auf Lipo auch ein anderer Controller verbaut werden oder mit sogenannten „Savern" gearbeitet werden, die eine Unterspannung anzeigen, bevor der Akku beschädigt wird.

Das folgende Diagramm soll ungefähre Anhaltspunkte geben, wie lange man mit welcher Akkukapazität fliegen kann. Die genaue Flugdauer ist von der Flughöhe (Bodeneffekt), den Bauteilen des Modells (Motortyp, Leichtgängigkeit der Servos, usw.) und den Einstellungen abhängig (Pitch-Gas-Kurve, usw.).

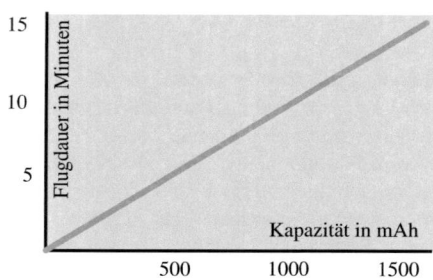

Ungefähre Flugdauer in Abhängigkeit von der verfügbaren Akkukapazität bei einem leichten Modell bis 400 Gramm

Elektro oder Verbrenner

Die ersten Modelle besaßen einen Verbrennermotor. Mittlerweile ist die Elektro-Akku-Technik jedoch so weit fortgeschritten, dass es kaum noch Argumente für den Einsatz von Verbrennern gibt. Die Lipo-Akkus sind so leistungsfähig geworden, dass sie viele Verbrenner in den Schatten stellen. Verbrenner sind laut, nicht unbedingt umweltfreundlich und auch aus rechtlicher Sicht problematisch, denn man darf sie nicht überall fliegen. Selbst auf vielen Modellflugplätzen sind sie verboten.

Dagegen sind die Elektromodelle wesentlich sauberer und leiser. Gerade für den Anfänger sind sie ideal, weil er sich nicht mehr um die Einstellungen des Motors kümmern muss, sondern sich gleich zu Beginn auf das Fliegen konzentrieren kann. Weil sich dieses Handbuch an den Einsteiger richtet, wird hier nicht weiter auf Verbrenner eingegangen.

Das Heck

Genauso wichtig wie der Hauptrotor ist das Heck für die Flugeigenschaften des Helis.

Billige Modelle besitzen zum Antreiben des Heckrotors einen eigenen kleinen Motor direkt am Heck. Dieser treibt den Heckrotor unmittelbar an und wirkt durch Veränderung der Drehzahl (Signal vom Gyro) dem Drehmoment aktiv entgegen oder führt zu den Steuerbewegungen des Hecks. Diese Variante ist sehr preiswert, jedoch ist die Lebensdauer im Vergleich zu den anderen Ansteuerungen sehr kurz.

Die Motoren müssen sehr klein und leicht sein, damit sie das Heck nicht zu sehr belasten. Durch diese Unterdimensionierung laufen sie schnell heiß und verabschieden sich vorzeitig. Zudem handelt es sich bei diesen Motoren stets um Bürstenmotoren, die aufgrund ihrer Bauart nur eine kurze Lebensdauer besitzen. Wer die Lebensdauer eines solchen Heckmotors verlängern möchte, der sollte am Motor einen Kühlkörper anbringen.

Etwas teurere Modelle besitzen eine Welle oder

Antrieb durch einen eigenen Motor beim Walkera Dragonfly 4

Antrieb durch eine Welle, die direkt an der Hauptrotorwelle greift (LMH Corona 120)

Antrieb durch einen Zahnriemen beim Align T-Rex 450 SE

einen Zahnriemen zum Antreiben des Heckrotors und sind mit der Hauptwelle verbunden. Die Drehzahl des Hecks richtet sich also nach der Drehzahl des Hauptrotors. Je höher die Drehzahl, desto stärker ist automatisch der Ausgleich durch das Heck. Dennoch reicht dies nicht für die Stabilisierung des Hecks und erst recht nicht, wenn man die Richtung steuern können möchte. Daher werden bei diesen Modellen die Anstellungen der Heckrotorblätter der Drehzahl und der gewünschten Drehrichtung angepasst. Richtungsänderungen sind sehr schnell und präzise möglich, das Heck ist leicht und die Ausfallsicherheit ist größer. Diese Variante ist etwas komplizierter (in der Reparatur) und auch preislich teurer. Ob nun der Antrieb durch eine Welle oder durch einen Zahnriemen vorteilhafter ist, darüber scheiden sich die Geister. Oft sind die verwendeten Bauteile in Billigmodellen jedoch von schlechter Qualität, so dass man schon nach kurzer Zeit die Originalteile austauschen muss. Spätestens dann sollte man das Geld in solide Ersatzteile investieren (beispielsweise Metall- statt Plastikwelle)!

Fernsteuerung

Bei den im Handel erhältlichen Fertigmodellen liegt oft bereits eine Fernsteuerung bei, die perfekt auf den Heli abgestimmt ist (Protokoll, Anzahl Kanäle, Gaskurve). In diesem Fall ist der Nachkauf eines Senders erst dann von Interesse, wenn man sein Modell mit weiteren Komponenten aufrüsten möchte, die zur Unterstützung einen anderen Sender benötigen. Dies kann beispielsweise der Fall sein, wenn man den Empfänger gegen einen anderen Typ austauscht, der nicht das gleiche Protokoll spricht.

Viele andere Modelle, die vom Käufer erst zusammengebaut werden müssen, werden jedoch ohne beiliegenden Sender angeboten. Hier sollte man gleich beim Kauf des Senders darauf achten, dass dieser nicht nur zum Empfänger passt (Protokoll, Kanalzahl), sondern auch zukunftsfähig (größere Kanalanzahl) ist und Funktionen bietet, die nützlich sind (Channel-Check) und dem fortgeschrittenen Piloten feiner abgestimmte Flugmanöver ermöglichen (Dual-Rate, Expo pro Flugphase). Die eingeklammerten Begriffe Channel-Check, Dual-Rate und Expo werden unten erklärt.

Graupner mx-16s

Besonders wichtig ist es, dass man an der Fernsteuerung die Möglichkeit hat, den Modus-Wechsel vorzunehmen, also die Gas- und Rollfunktion bei Bedarf tauschen zu können. Viele asiatische Modelle arbeiten im Modus 1 (Gas rechts), in Europa ist der Modus 2 (Gas links) aber weiter verbreitet. Es gibt Modelle, die dazu einen manuellen Eingriff auf der Platine erfordern (z.B. die Walkera-Modelle) und Modelle, wo dies in einem Konfigurationsdialog vom Benutzer festgelegt werden kann (die neueren Computer-Sender).

Nicht alle Sender sind für den Gebrauch mit Helis sinnvoll. Je nach Bautyp müssen die Signale für einen Heli so gemischt werden, dass mit einem Steuerknüppelausschlag gleich mehrere Servos oder Bauteile angesteuert werden müssen, verschiedene Signale also gemischt werden müssen. Bei pitchgesteuerten Modellen mischt der Sender bei einer Erhöhung der Drehzahl beispielsweise gleich das Signal für eine Pitchveränderung mit. Die noch in verschiedenen Auktionsbörsen angebotenen älteren Fernsteuerungen enthalten manchmal diesen Mischer nicht, sondern sind nur für Flächenmodelle oder rein drehzahlgesteuerte Helis geeignet. Ein späterer Modellwechsel auf einen pitchgesteuerten Heli macht dann den Neukauf einer besseren Fernsteuerung nötig. Andere Modelle dagegen besitzen nicht nur einen Mischer, sondern gleich eine große Auswahl an vordefinierten Steuerungen für diverse Helitypen oder gar die freie Konfigurierbarkeit der Mischkurven.

Heutige Computersender bieten zudem die Möglichkeit, verschiedene Flugphasen zu definieren, in die mit einem (manchmal mehrstufigen) Kippschalter während des Fluges gewechselt werden kann. Pro Flugphase kann man die Wirkung der Steuerknüppel oder anderer Geber definieren. Mögliche Flugphasen können beispielsweise sein: Autorotation (Simulation eines Motorausfalls), Akro-Mode (symmetrische Blattverstellung und hohe Motordrehzahl) oder Schweben (weiche Steuerung).

Hat ein Sender die Option, das HF-Sendesignal erst dann einzuschalten, wenn die Frequenz nicht belegt ist (Channel-Check), so bietet dies eine höhere Sicherheit, wenn auf "der grünen Wiese" geflogen wird. Auf Modellbauflugplätzen dürfte dieser Fall eigentlich nicht vorkommen, da hier durch geeignete Kontrollmechanismen eine Doppelbelegung eines Kanals verhindert werden sollte. Einige Sender haben diesen Channel-Check bereits integriert, bei anderen kann dies manchmal als Option nachträglich eingebaut werden.

Expo ist die Abkürzung für Exponential. Wird diese Funktion an einer Computerfernsteuerung (ist bei einigen Anlagen ggf. als Modul nachzurüsten) eingestellt, werden die Servoausschläge bei kleinen Steuerknüppelausschlägen entweder vergrößert oder verkleinert, je nachdem ob Expo positiv oder negativ eingestellt ist. Die Stär-ke der Ausschläge wird vom eingestellten Wert bestimmt. Einige Piloten stellen einen "kleinen Expo" (bis zu 20%) ein, damit der Heli im Schwebeflug unempfindlicher auf Steuerknüppelbewegungen nahe der Mittelposition ist.

Dual-Rate bedeutet, dass der Servoweg bezüglich des Weges des Steuerknüppels proportional über den gesamten Servoweg erhöht oder reduziert wird. Damit können die Ruderausschläge begrenzt werden.

Ist es bei den älteren Fernsteuerungen meist nötig, zur Auswahl einer gewünschten Frequenz den entsprechenden Quarz einzusetzen, so besitzen neuere Modelle einen Synthesizer, durch den die bequeme Auswahl der Frequenz in einem Dialog möglich ist.

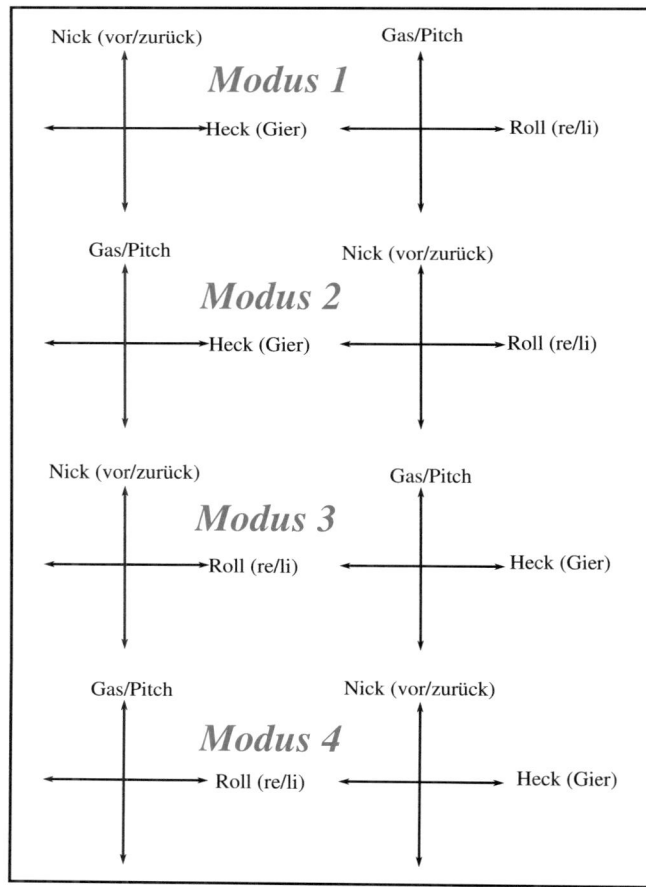

Der "Modus" eines Senders steht für die Zuordnung der Steuerfunktionen. Verbreitet ist vor allem der Modus 2 in Deutschland.

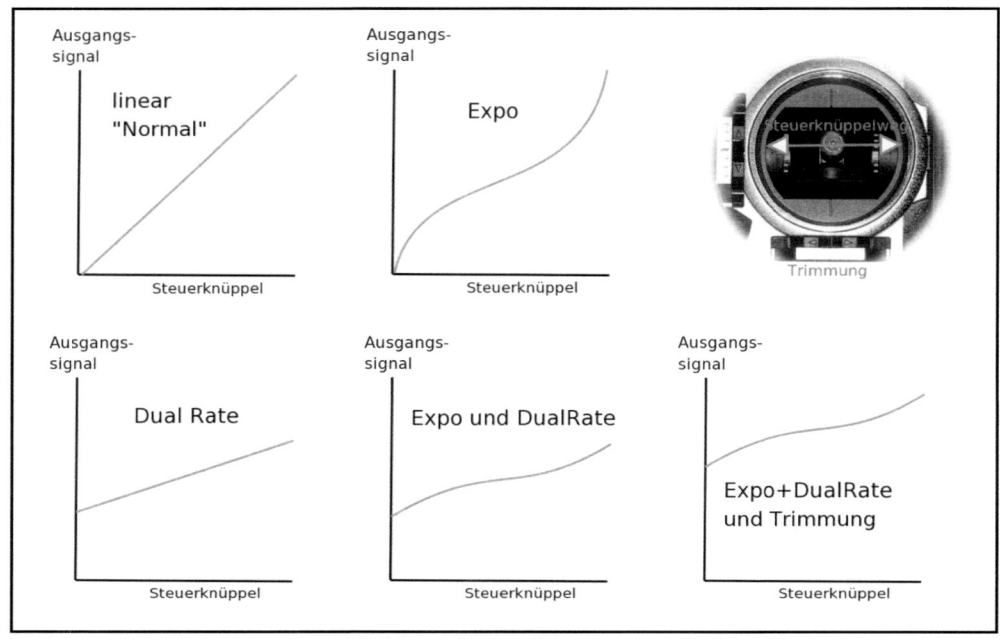

Auswirkungen von Dual Rate, Expo und der Trimmung auf das Ausgangssignal

Scale oder Trainer?

Scale-Modelle entsprechen im Idealfall maßstabsgetreu einem realen Großhubschrauber. Wahre Bastler rüsten ihre Modelle sogar mit Lautsprechern aus, aus denen während des Fluges das aufgenommene reale Motoren- und Rotorgeräusch des Vorbilds ertönt.

Als Anfänger wird man aber eher zu einem Trainer-Modell greifen. Darunter versteht man Helis, deren Verkleidung nur einen echten Heli andeutet. Diese Haube ist zum Heck hin offen und ermöglicht Einstellungen an den "Innereien" des Helis, ohne die Verkleidung entfernen zu müssen. Zudem spart diese "halbe" Haube Gewicht. Neben dem ästhetischen Aspekt hilft eine Haube beim Erkennen der genauen Fluglage und schützt empfindliche Bauteile bei einer harten Landung.

Bei vielen Modellen ist die spätere Umrüstung von Trainer auf Scale (oder "Semi"-Scale) möglich.

Ersatzteile mitbestellen!

Nichts ist frustrierender als den gerade gekauften oder per Post erhaltenen Heli gleich am ersten Tag zu schrotten, um dann die nächsten Wochen auf die erforderlichen Ersatzteile zu warten.

Einige Teile des Helis kann man (als Anfänger) sofort zu den Verbrauchsmaterialien zählen, so dass ein ausreichender Vorrat gleich mitgekauft werden sollte.

Am anfälligsten ist in der Regel das Heck, denn die Rotoren drehen hinten mit einer sehr hohen Drehzahl und bei Bodenberührung ist der

Schaden vorprogrammiert. Bei den preiswerten RTF-Modellen (z.B. Dragonfly 4) sind die Heckrotoren oft nur aufgesteckt, so dass sie bei Bodenkontakt wegspringen können. Diese billige Bauweise kann das Heck manchmal retten. Beispielsweise sollte man beim Dragonfly 4 immer ein wenig Schrumpfschlauch oder anderen Gummischlauch mit dem richtigen Innendurchmesser dabeihaben, um den Heckrotor später wieder befestigen zu können!

Schon bei einem leichten Crash wirken große Kräfte auf die Servos, die gerade bei preiswerten Modellen leicht Schaden nehmen. Oft fängt es mit einem leichten Zittern der Servos an und einige Akkuladungen später streiken sie dann oben in der Luft! Viele Piloten raten daher zum Austauschen der Originalservos durch qualitativ bessere Ersatzservos schon direkt nach dem Kauf.

Bei einigen Modellen neigen die Hauptrotorblätter aufgrund ihrer geometrischen Aufhängung bei leichten Crashs sofort in das Heckrohr einzuschlagen (z.B. LMH). Hier empfiehlt sich gleich ein Ersatzrohr mitzubestellen.

Es schadet nichts, wenn man sich vor dem Kauf ein wenig in den einschlägigen Internet-Foren umschaut, um zu sehen, welche Schwachpunkte der näher ins Auge gefasste Heli hat und wo man preiswert an Ersatzteile herankommt. Oft gibt es in diesen Foren auch Hinweise, welche anderen Helis kompatibel sind. Je größer die Basis, desto leichter wird die Ersatzteilbeschaffung werden, wenn die Herstellerfirma irgendwann einmal die Produktion einstellen sollte.

Support

Der Einstieg in das Hobby Modellhelikopter kann ziemlich frustrierend sein, wenn das Modell zwar preiswert in der Anschaffung war und auch die Ersatzteilkosten kalkulierbar sind,

diese aber nur mit langer Wartezeit beschaffbar sind und es an technischer Unterstützung mangelt.

Es ist daher oft von Vorteil, wenn man sein Einstiegs-Modell auch danach auswählt, wie gut es im Markt vertreten ist. Je mehr Piloten einen bestimmten Heli fliegen, desto größer ist in der Regel auch das Angebot an technischen Informationen und Hilfestellungen im Internet. Außerdem sind für viel verkaufte Modelle oft auch die Ersatzteile preiswerter und schneller zu beschaffen.

Wer bei Problemen den persönlichen Kontakt der Internet-Recherche vorzieht, sollte sein Modell beim Händler vor Ort kaufen. Einige Händler bieten Probeflugstunden mit dem Wunschheli mit einem Lehrer-Schüler-System an, bevor man sich schließlich für einen Kauf entscheidet.

Es gibt in Deutschland sogar Händler, die eine kostenpflichtige 24-Stunden-Hotline unterhalten, bei der man sogar an den Wochenenden anrufen darf.

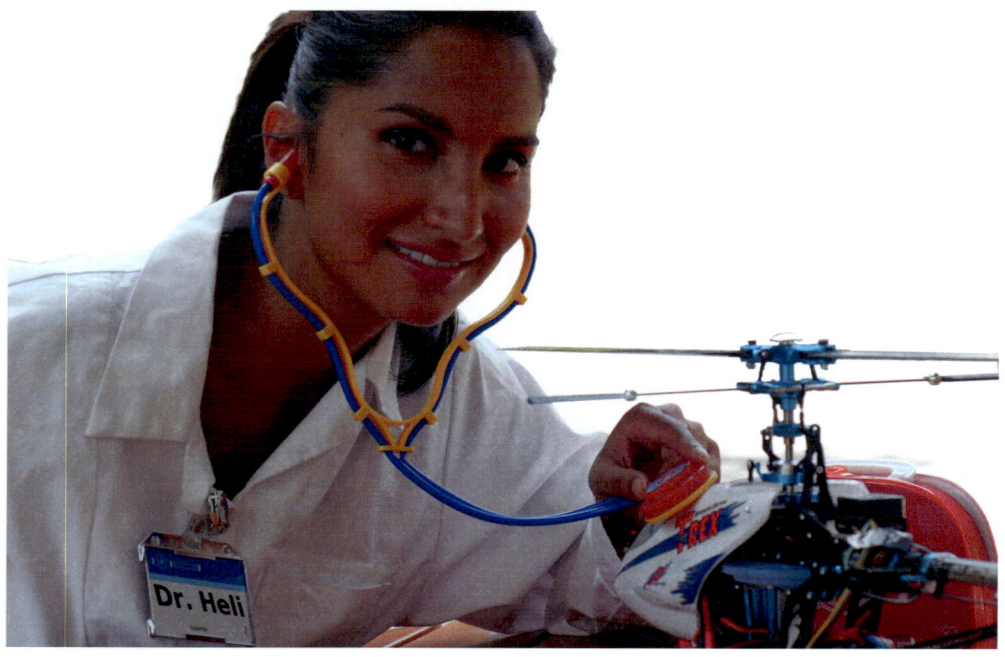

Entweder haben Sie sich für ein Fertigmodell entschieden oder Sie mussten zum eigentlichen Heli die elektronischen und mechanischen Bauteile hinzukaufen. In beiden Fällen sollten Sie etwas über die "Anatomie" des Helis wissen und wie dessen "Organe" eingesetzt und eingestellt werden müssen. Sogar im ersten Fall kann es Ihnen nämlich passieren, dass das Modell nach der Lieferung doch nicht so "Ready to Fly" ist, wie es der Anbieter versprochen hat. Wer seinen Heli kennt, hat es bei der Diagnose einfacher.

Sicherheitshinweise

Hauptrotoren drehen mit bis zu 3000 Umdrehungen pro Minute. Da versteht es sich von selbst, dass der Helikopter mit genügendem Abstand zum Piloten und weiteren Personen geflogen wird.

Drehende Bauteile sollten nach einem Bruch nicht wieder verklebt werden, sondern durch neue Bauteile ersetzt werden. Die Blattspitzengeschwindigkeit eines Rotors beträgt über 200km/h. Sollte sich bei dieser Geschwindigkeit ein Teil der Rotorspitze lösen, so fliegt dieses Teil einem Geschoß ähnlich über eine weite Entfernung!

Es kann nicht häufig genug wiederholt werden, dass die korrekte Funktionsweise vor jedem Start überprüft werden muss. Dazu gehört sowohl der Reichweitentest als auch der Check, dass alle Schrauben festsitzen und keine Störsignale die Steuerung beeinflussen!

Die Durchführung einiger Einstellungen ist nicht am ausgeschalteten Heli möglich. Beispielsweise lässt sich bei vielen RTF-Modellen die Pitchregelung nicht kontrollieren, wenn die Steuerung nicht „glaubt", dass der Rotor dreht. In allen Fällen, wo am eingeschalteten Modell gearbeitet werden muss, sollte man daher den Motor vom Stromkreis trennen. In Fällen, wo dies nicht möglich ist, sollte man zumindest sicherstellen, dass keine Kraftübertragung vom Motorritzel auf die Hauptwelle möglich ist, z.B. durch Entfernen des Motorritzels.

Gewichtsverteilung

Besonders wichtig für einen ruhigen Flug ist die korrekte Gewichtsverteilung. Der Heli darf an keiner Seite zu schwer sein, denn dies lässt sich später nur sehr eingeschränkt durch eine Trimmung am Sender ausgleichen.

Fassen Sie nahe der Hauptwelle mit beiden Händen unter die Paddelstange und prüfen Sie, ob der Heli waagerecht zum Boden hängt. Ein leichtes Übergewicht an der Nase ist besser als zum Heck hin! Dies verhindert, dass der Heli beim Abheben mit den Heckrotoren den Boden berührt. Dies wäre besonders fatal, wenn Heck und Hauptwelle miteinander verbunden sind, denn ein blockierendes Heck wird durch die Schwungkraft der Hauptrotoren leicht beschädigt.

Korrigieren Sie die Gewichtsverteilung durch Verschieben des Akkus.

Hält man den Heli am Hauptrotor (anders als im Foto bevorzugt mit beiden Händen unter die Paddelstangen greifen!), sollte der Heli gleichmäßig austariert sein, jedoch niemals hecklastig sein!

Antenne

In der Grundversion besitzen die meisten Modellhelis eine Antenne in Form eines langen dünnen Kabels. Bei der Auslieferung ist dieser oft um eine Landekufe gewickelt oder sogar wie bei einer Spule eng um die Aufhängung einer Kufe gedreht. Diese Konstruktion ist für den Versand idealer als für den Flug. Um einen optimalen Empfang zu haben, sollte die Antenne möglichst weit entfernt von Motor, Regler, Servos und Akku befestigt werden. Sie soll nicht aufgewickelt, sondern am besten entlang des Helis gespannt sein bzw. frei herunterhängen. Eine Führung entlang des Heckrohrs ist zu vermeiden. Es ist sicherzustellen, dass die Antenne niemals in den Haupt- oder Heckrotor gelangen kann! Einige Piloten führen die Antenne durch ein schmales Plastikröhrchen, welches zwischen Kufen und

Heckrohr befestigt wird.

Eine Alternative zum Draht ist die sogenannte Kurzantenne. Diese nur wenige Zentimeter lange Stabantenne lässt sich sichtgeschützt unter der Haube montieren. Kurzantennen werden mehr aus ästhetischen Gründen eingesetzt.

Ein zu geringer Empfang oder eine falsche Aufhängung (Motornähe) zeigt sich durch Störimpulse, die im Empfänger verstärkt werden und das Modell zu plötzlichen Rüttelbewegungen veranlassen können. Natürlich kann auch eine schwache Sendeleistung (leere Batterie) dafür ursächlich sein.

Spurlauf

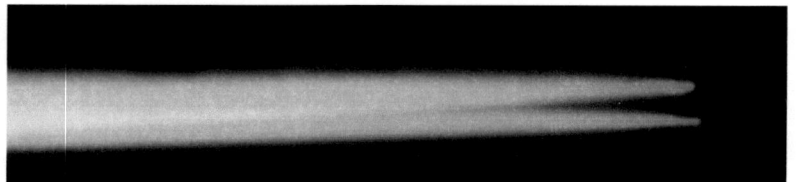

*Schlecht
eingestellter
Spurlauf*

Der Blattspurlauf ist für eine vibrationsfreie Rotation besonders wichtig. Einen falsch eingestellten Spurlauf erkennt man daran, dass die beiden Rotorblätter auf unterschiedlicher Höhe rotieren. Am besten geht man wie folgt vor:

Markieren Sie die beiden Rotorspitzen mit je einem Klebestreifen unterschiedlicher Farbe. Positionieren Sie den Helikopter auf einem Podest in Augenhöhe vor einem Hintergrund, bei dem sich die Rotorblätter gut abheben. In einem Abstand von mindestens 5 Metern lassen Sie den Rotor gerade so schnell rotieren, dass der Heli noch nicht abhebt.

Betrachten Sie nun die Rotorspitzen. Erkennen Sie nun nur einen Rotor in der Queransicht, so ist der Spurlauf korrekt. Sehen Sie jedoch zwei Rotoren, die in unterschiedlicher Höhe rotieren, so muss der Spurlauf nachgestellt werden. Merken Sie sich die Farbe des Klebestreifens des höher rotierenden Rotors!

Im ausgeschalteten Zustand ändern Sie nun durch Eindrehen des Anlenkhebels des Rotorpitches dessen Hebellänge. Wiederholen Sie den Test, bis der Spurlauf stimmt. Sie sollten nun feststellen, dass der Heli wesentlich vibrationsärmer fliegt.

In der Abbildung ist jeweils für die Modelle LMH 120 Corona und Walkera Dragonfly 35/36 markiert, welcher Anlenkhebel in der Länge verändert werden muss.

*Einstellung
des Spurlaufs*

LMH Corona 120

Walkera Dragonfly 35

Gyro

Der Gyro stabilisiert das Heck, indem das Drehmoment des Hauptrotors ausgeglichen wird. Insbesondere bei rein drehzahlgesteuerten Helis ist ein gut eingestellter Gyro wichtig, damit schnelle Leistungsänderungen (z.B. für eine schnelle Höhenänderung) nicht mit einem ruckartigen Wegdrehen des Hecks verbunden sind.

Sehr preiswerte RTF-Modelle lassen dem Piloten oft keine Freiheitsgrade bezüglich der Einstellung des Gyros, denn oft ist der Gyro fest im Empfängerbauteil integriert und kann nur mit den werksseitigen Voreinstellungen geflogen werden. Die meisten Modelle besitzen

Mit der Center-Schraube bestimmt man die initiale Kraft, mit der das Drehmoment ausgeglichen wird. Diese Schraube sollte etwa in der Mitte zwischen beiden Endpunkten eingestellt werden.

Die Einstellungen müssen in der Regel mit einem winzigen Schraubenzieher durchgeführt werden, die in die Öffnungen am Gyrogehäuse geführt werden müssen, um an die dahinter liegenden Einstellschrauben zu kommen. Bei höherwertigen Gyros (z.B. GY401) kann die Sensitivity-Einstellung über den Sender durchgeführt werden. Dies muss natürlich vom Sender unterstützt werden (Anzahl Kanäle,

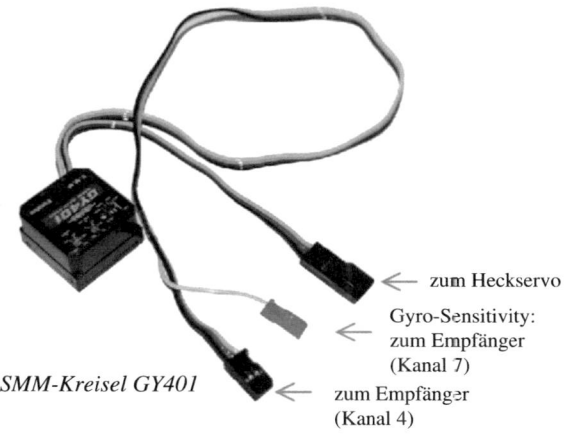

← zum Heckservo

Gyro-Sensitivity:
← zum Empfänger
(Kanal 7)

SMM-Kreisel GY401

← zum Empfänger
(Kanal 4)

Im Dragonfly 4 ist die gesamte Steuerelektronik (Empfänger, Motorcontroller, Gyro) in einem einzigen Bauteil untergebracht.

jedoch einen externen Gyro, der für eine optimale Heckstabilität eingestellt werden muss.

Viele Gyros besitzen zwei Einstellmöglichkeiten, die sich allerdings gegenseitig beeinflussen:
Mit der Sensitivity-Schraube (manchmal irreführend auch als "Delay" bezeichnet, aber der Begriff Delay bedeutet nicht bei allen Herstellern das gleiche) legt man die Empfindlichkeit des Gyros fest, d.h. mit welcher Sensitivität soll Drehmomentänderungen entgegengewirkt werden. Eine zu geringe Sensitivity führt dazu, dass die Wirkung des Gyros nicht groß genug ist, um das Heck zu stabilisieren. Ist der Wert jedoch zu hoch, vibriert das Heck im normalen Schwebeflug.

Proportionalgeber)!

Bei einigen Gyros kann noch ein besonderer Betriebsmodus eingeschaltet werden, der sogenannte AVCS-Mode. Bei diesem Modus merkt sich der Gyro beim Einschalten die Ausgangslage, der Kreisel "rastet" quasi ein. Während der Gyro im normalen Modus nur das Drehmoment ausgleicht, versucht der Gyro im AVCS-Mode, äußeren Einflüssen entgegenzuwirken. Besonders für den Anfänger ist dieser Modus interessant. Siehe hierzu auch die Erklärung im Kapitel "Fachchinesisch".

Bei einigen Servos bestimmt die Sensitivity-Einstellung, ob im Normal- oder im AVCS-Modus geflogen wird.

Allen Gyros gemein sollte ein Schalter für die Wirkrichtung sein. Ist die falsche Wirkrichtung konfiguriert, so verstärkt der Gyro eine ungewollte Drehrichtung statt ihr entgegenzuwirken. Dieser Schalter ist üblicherweise mit Rev oder Dir beschriftet.

Ein Gyro sollte auf möglichst vielen unterschiedlichen Modellen eingesetzt werden können, aber jeder Helityp besitzt ein anders konstruiertes Heckteil. Damit der Heckservo nur den nutzbaren Stellbereich ausnutzen kann, besitzen einige Gyros einen "LIMIT"-Regler, der diesen Bereich begrenzt.

Besonders im Kunstflug, bei dem mit schnellen Leistungsänderungen geflogen wird, muss der Heckservo viele kleine Korrekturen pro Sekunde durchführen. Ein Standardservo ist hierzu wenig geeignet. Einige Gyros können daher schnelle Digitalservos ansteuern. Setzen Sie jedoch ein Standardservo an einem solchen Gyro ein, so darf der Gyro nicht auf ein Digitalservo konfiguriert sein! Einige Gyros besitzen eine Delay-Einstellung, die insbesondere für die Ansteuerung von Standardservos wichtig ist:

Erhöht man den Delay-Wert, so wird das Signal länger aufintegriert, bevor der Servo ein neues Ansteuerungssignal bekommt. Bei langsameren Servos ist der Delay-Wert zu erhöhen.

Kein Servo besitzt alle hier aufgeführten Einstellmöglichkeiten. Dies ist auch gar nicht nötig, denn mit der Kombination Sensitivity und Center (Walkera) lässt sich genauso sicherstellen, dass der Heckservo korrekt angesteuert wird, wie dies andere Gyros beispielsweise mit Sensitivity, Limit und mechanischer Adaption erreichen.

Es gibt verschiedene Kreiseltypen. Kreiselgyros spielen im RC-Modellbau nur eine unwesentliche Rolle. Zum Einsatz kommen vor allem Piezo- und SMM-Gyros:
Die Einstellungen bei Piezo-Gyros sind sehr stark temperaturabhängig. Schon der Wechsel des Standorts von einem Schattenplatz zu einer sonnigen Flugfläche kann eine Neueinstellung erforderlich machen! Daher sind SMM-Gyros vorzuziehen, doch bezahlt man diesen Vorteil mit einem höheren Preis!

Statisches Auswuchten

Beim sogenannten "statischen Auswuchten" der Rotorblätter versucht man, die Gewichte der beiden Rotorblätter anzugleichen. Dabei geht man so vor, dass beide Rotorblätter 180 Grad zueinander an der Innenschraube zusammengeschraubt werden. Nun hebt man

diese Konstruktion an den Schraubenenden von der Unterlage und beobachtet, ob sich dabei nur eine Seite hebt. Das leichtere Rotorblatt wird nun mit Klebestreifen so lange beschwert, bis ein Gleichgewicht entsteht.

Vibrationen

Selbst wenn der Hersteller verspricht, dass das Modell direkt nach dem Auspacken flugfertig sei, so kommt es stattdessen häufig vor, dass sich die Modelle noch am Boden durch kräftige Vibrationen selbst zerlegen wollen. Spätestens aber nach dem ersten kleineren Crash (und dieser passiert jedem Einsteiger früher oder später) kann es sein, dass der Heli vibriert.

Oft liegen die Ursachen in kleinsten Unwuchten, die bei bis zu 2000 Umdrehungen

pro Minute zu kräftigen Schwingungen führen.

Das folgende abgebildete Flussdiagramm ist als Checkliste zu verstehen. Es ist nicht nach häufigsten Ursachen „sortiert", sondern beginnt bei den Checks, die zeitlich den geringsten Aufwand bedeuten.

Nicht im Diagramm aufgeführt sind seltenere Ursachen, z.B. dass ein defektes Hauptzahnrad einen unruhigen Lauf bewirkt.

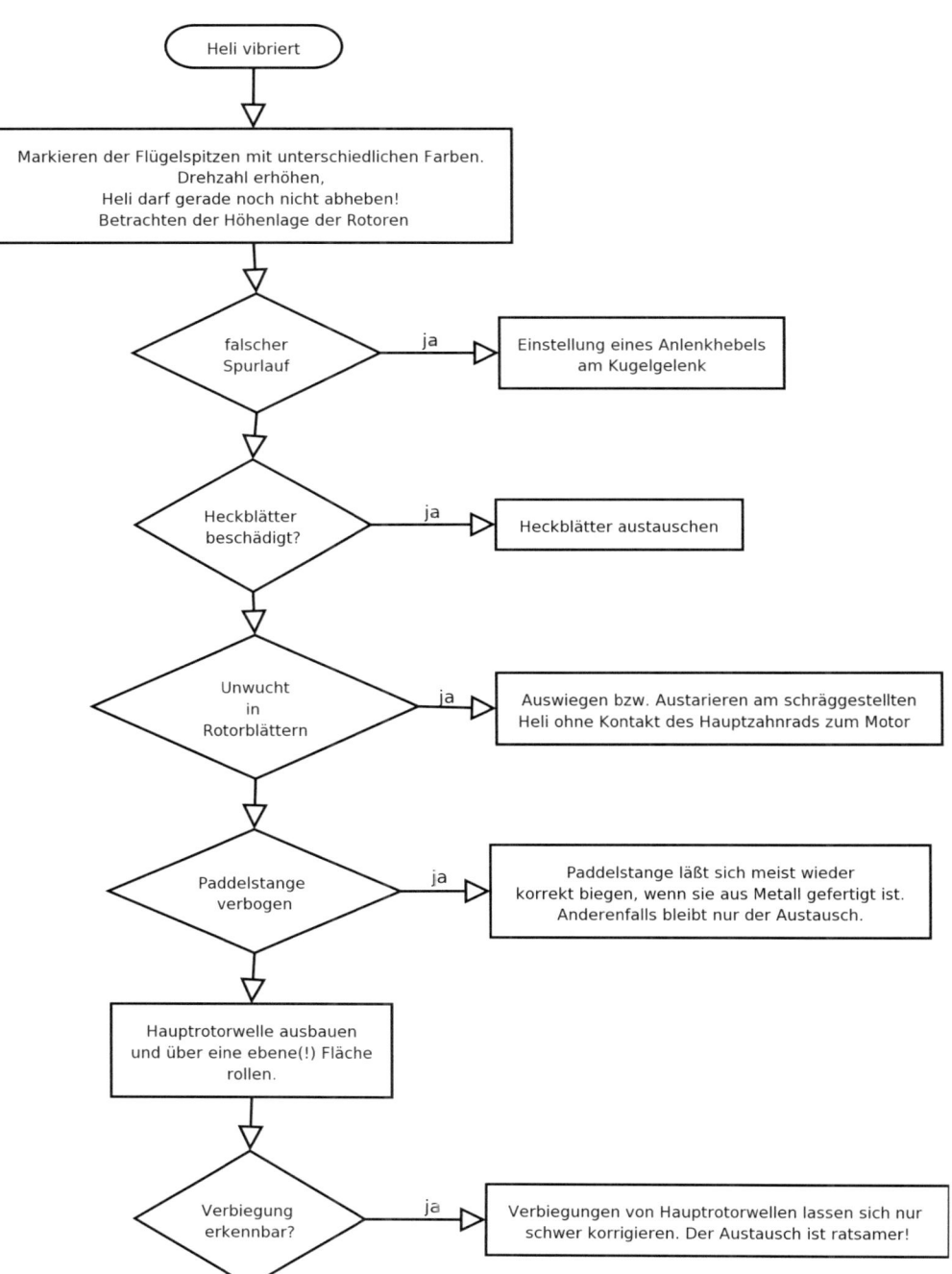

Heli vibriert

Markieren der Flügelspitzen mit unterschiedlichen Farben.
Drehzahl erhöhen,
Heli darf gerade noch nicht abheben!
Betrachten der Höhenlage der Rotoren

falscher Spurlauf — ja → Einstellung eines Anlenkhebels am Kugelgelenk

Heckblätter beschädigt? — ja → Heckblätter austauschen

Unwucht in Rotorblättern — ja → Auswiegen bzw. Austarieren am schräggestellten Heli ohne Kontakt des Hauptzahnrads zum Motor

Paddelstange verbogen — ja → Paddelstange läßt sich meist wieder korrekt biegen, wenn sie aus Metall gefertigt ist. Anderenfalls bleibt nur der Austausch.

Hauptrotorwelle ausbauen und über eine ebene(!) Fläche rollen.

Verbiegung erkennbar? — ja → Verbiegungen von Hauptrotorwellen lassen sich nur schwer korrigieren. Der Austausch ist ratsamer!

Akkutechnik

Im modernen Modellbau haben sich drei Akkutypen etabliert. Die preiswerten NiCd- und NiMh-Akkus stehen in direkter Konkurrenz zu den leistungsfähigen Lipo-Akkus.

NiCd/NiMh:
Die umweltfreundlicheren NiMh-Akkus sind nicht so hochstromfähig wie die NiCd-Akkus und werden nur in Sendern und leichten Helimodellen eingesetzt. Im Allgemeinen sind sie etwas teurer als die NiCd-Akkus. Ein großer Vorteil ist der fast nicht vorhandene Memory-Effekt, so dass ein Neuaufladen auch ohne eine vorherige Entladung schadlos möglich ist.

NiCd-Akkus sind preiswert in der Herstellung und auch die Ladetechnik kann einfach gehalten werden. Aus diesem Grund werden sie bei vielen preiswerten Fertigmodellen verwendet. NiCd-Akkus gestatten hohe Entlade- und Aufladeströme. Daher lassen sie sich mit Schnellladegeräten in wenigen Minuten aufladen. NiCd-Akkus lassen sich häufig laden und besitzen eine lange Lebenszeit, wenn man zwei Regeln beachtet: Vor dem Laden sollte der Akku entladen sein, denn ein sogenannter Memory-Effekt führt sonst zu einer verminderten Ladefähigkeit, die nach mehreren Ladezyklen zur vorzeitigen Alterung (geringere Kapazität) des Akkus führt. Außerdem darf der Akku (wie auch die anderen Akkutypen) nicht tiefentladen werden! Akkus diesen Typs gehören bei der Entsorgung in den Sondermüll!

LiPo:
Eine relativ neue Technik stellen die Lithium-Polymer-Akkus (Lipos) dar. Sie sind leistungsfähig, können große Ströme vertragen und besitzen keinen Memory-Effekt. Durch ihr leichtes Gewicht bei großer Kapazität und geringer Selbstentladung eignen sie sich wunderbar für den Modellbau.

Nach diesem Loblied sollen auch deren Nachteile aufgeführt werden. Zunächst einmal ist der hohe Preis für diese Akkus und die erforderliche Ladetechnik abschreckend. Lipos sind wesentlich empfindlicher und haben eine geringere Lebensdauer.
Die maximale Kapazität eines Lipos sollte nicht ausgenutzt werden, wenn man an einer langen Lebensdauer interessiert ist. Es gibt hier die 30/70-Regel, nach der immer 30% der Ladung im Akku verbleiben soll.
Lipos altern schneller, es lohnt sich demnach nicht, sie auf Vorrat zu lagern.
Um die richtige Spannung zu erzeugen, sind entsprechend viele Zellen in Reihe zu schalten. Gerade bei Lipos tritt jedoch der Effekt auf, dass sich die Zellen beim Entladen und Aufladen ungleichmäßig schnell laden. Balancer müssen eingesetzt werden, um diesem Effekt entgegenzuwirken. Hier gibt es zwei Herangehensweisen: Eine Verteilung der Ladung auf dem Akkupack selber oder eine intelligente Ladetechnik, die die einzelnen Zellen des Akkupacks individuell ansprechen kann und so zu einer gleichmäßigen Ladung aller Zellen führt.

Beim Kauf eines Akkus wird man schnell auf Kürzel der Art "3s2p-2100" treffen. Dies bedeutet, dass 2 Packs von jeweils 3 in Serie ("s")

Gewicht (Gramm)

Lipo-Akkus im Vergleich (Stand Sommer 2007)

geschalteten Zellen parallel ("p") verbunden sind. Der gesamte Akkupack besteht in diesem Beispiel also aus 6 Zellen. Die Zahl 2100 gibt die Kapazität in der Einheit mAh an.

Zusätzlich findet man häufig eine Angabe der Art "10C". Hat der Akku z.B. eine Kapazität C=2000mAh, so kann er einen Strom von 10*C=20A liefern. Motor, Motorcontroller und Akku müssen zueinander passen. Daher ist diese Angabe sehr wichtig!

Auf der anderen Seite kann man keine beliebig großen Akkupacks an den Heli hängen, da der Heli das Gewicht auch noch tragen soll. Zudem ist der Preis sicherlich auch ein Entscheidungskriterium beim Kauf. Das Diagramm sortiert exemplarisch einige Lipo-Akkupacks nach Gewicht und Preis (typische Preise Sommer 2007 für Kokam-Lipos) ein. Akkus gleicher Kapazität sind jeweils mit einem Strich verbunden.

Montage der Zahnräder

An der Übertragung der Motorkraft zum Hauptrotor und zum Heckantrieb sind viele kleine und große Zahnräder beteiligt. Damit ein sicherer Flugbetrieb gewährleistet ist, müssen diese Zahnräder griffig zueinander positioniert werden. Da die meisten Motoren verschiedene Einschraubmöglichkeiten für die Befestigung am Chassis besitzen, lassen sich die Wellen und Zahnräder in Grenzen positionieren.

Greifen die Zahnräder zu dicht ineinander, so ist der Verschleiß größer. Ist der Abstand (das Spiel) zu groß, so verringert sich die Ausfallsicherheit und es kann im schlimmsten Fall zum Durchdrehen kommen. Mit ein wenig Fingerspitzengefühl und einem dünnen Papierchen zwischen zwei Zahnrädern kann der Abstand einigermaßen korrekt eingestellt werden.

Ein dünnes Zeitungspapier sollte zwischen die beiden Zahnräder passen.

Freilauf

Ähnlich wie beim Fahrrad wirkt der Freilauf. Die drehzahlgesteuerten Helis besitzen in der Regel keinen Freilauf obwohl dieser die Zahnräder bei schneller Verringerung der Motordrehzahl schützen könnte. Wenn der Motor keine Kraft mehr ausübt, dreht der Rotor durch seine Schwungmasse weiter, wenn das Hauptzahnrad einen Freilauf enthält. Die pitchgesteuerten Modelle sind fast ausnahmslos mit einem Freilauf ausgerüstet. Dieser ist auch für eine Autorotation notwendig (Autorotation gibt es nur bei pitchgesteuerten Modellen, denn diese lassen auch einen negativen Pitch zu).

Da der Einbau eines Freilaufs nicht immer so trivial ist, gibt es Bauteile, bei denen der Freilauf eingeschraubt werden kann. Ein solches Zahnrad ist im Bild dargestellt.

Hauptzahnrad mit Freilaufeinsatz

Motorcontroller

Der Motorcontroller steuert, wie der Name schon sagt, den Motor an. Üblicherweise kommt eine BEC-Schaltung zum Einsatz, bei der sowohl die Leistungskomponenten als auch der Empfänger vom gleichen Akku versorgt werden. In diesem Fall setzt der Motorcontroller die Eingangsspannung in eine Spannung für den Empfänger um und bekommt andererseits vom Empfänger die Information über die gewünschte Motordrehzahl.

Es gibt Motorcontroller sowohl für Bürstenmotoren als auch für bürstenlose ("BL") Motoren. Den Unterschied erkennt man an der Anzahl der Stromversorgungskabel für den Motor. BL-Motoren benötigen drei Kabel, bürstenlose Motoren nur zwei.

Motor und Motorcontroller müssen auch hinsichtlich ihrer Leistungsfähigkeit passen. Daher findet man stets die Angabe des maximalen Stroms (beim T-Rex sind beispielsweise 35A empfehlenswert).

Da Motorcontroller mit einer Vielzahl an Komponenten verschiedener Bauart und Hersteller zusammenarbeiten sollen, müssen sie vor dem Ersteinsatz programmiert werden. Hier setzen die Hersteller unterschiedliche Varianten ein. Einige Controller werden durch das Motorsignal programmiert, d.h. man nutzt die Fernsteuerung, um bei bestimmten Tonfolgen Steuersignale zur Konfiguration zu senden. Andere Controller besitzen Taster zur Programmierung. Der Jazz-40-6-18 wertet das Empfangssignal zur Programmierung erst

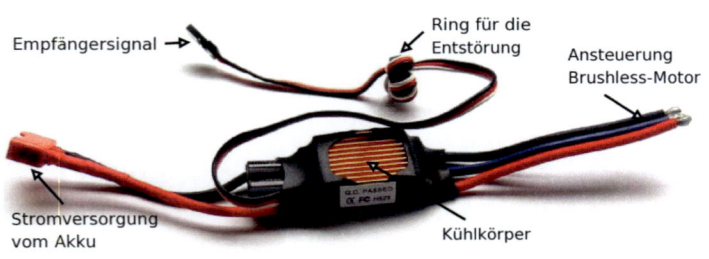

Empfängersignal →

Ring für die Entstörung

Ansteuerung Brushless-Motor

Stromversorgung vom Akku

Kühlkörper

Motorcontroller Align RCE-BL35G

dann aus, wenn man den Controller zuvor beim Einschalten mit einem Jumper in den Programmiermodus versetzt hat. Optional kann man bei einigen Motorcontrollern Programmier-Karten einsetzen, mit denen die Programmierung erleichtert wird.

Die meisten Motorcontroller sind für den Einsatz mit Lipos und NiMh-Akkus ausgelegt. Die Programmierung des richtigen Akkutyps ist wichtig, damit die Abschaltspannung stimmt und die Akkus nicht versehentlich im Flug tiefentladen werden. Ein guter Motorcontroller schaltet bei Erreichen der Minimalspannung nicht sofort aus, sondern regelt die Leistung

runter, so dass der Pilot das Ende der möglichen Flugzeit erkennt und noch sicher landen kann.

Für Helis ganz wichtig sind der Governor-Mode und der Sanftanlauf. Diese Kombination sollte der Motorcontroller auf jeden Fall unterstützen. Dies bedeutet, dass der Motor sanft auf eine vorgegebene Zieldrehzahl gebracht wird und diese hält. Wie gut dies gelingt, hängt von der Qualität des Controllers ab. Anfänger werden den Controller wahrscheinlich zunächst im Steller-Modus betreiben, bei der die Motordrehzahl direkt mit der Stellung des Steuerknüppels korrespondieren soll.

Empfänger

Während die preiswerten RTF-Modelle häufig Empfänger besitzen, die im gleichen Bauteil wie der Motorcontroller und der Gyro untergebracht sind, haben die meisten Modelle jedoch einen eigenständigen Empfänger. Es gibt Empfänger, die mit einem einsteckbaren Quarz auf die Frequenz eingestellt werden. Neuere Empfänger kommen ohne Quarz aus und können frei auf alle Kanäle eines Frequenzbandes konfiguriert werden.

Empfänger müssen das gleiche Protokoll wie der Sender verstehen. Das bekannteste und am meisten eingesetzte Protokoll ist PPM. Bei

Importen aus dem asiatischen Raum werden auch andere Protokolle eingesetzt, so dass solche Helis nicht mit den hier üblicherweise erhältlichen Sendern gesteuert werden können! Viele Empfänger können neben PPM auch noch PCM oder erweiterte PCM-Protokolle sprechen. Diese proprietären Protokolle enthalten eine Fehlerkorrektur, die bei schlechten Funkverhältnissen vorteilhaft sein kann.

Übliche Empfänger haben 7 oder 8 Kanäle, was in der Regel ausreichen sollte.

Stecker

Im Modellbau werden die verschiedensten Steckersysteme benutzt und es ist schwierig, hier die Übersicht zu behalten. Spätestens beim Nachkauf eines Akkus muss man sich jedoch mit diesem Thema beschäftigen, will man diesen auch an seinen Heli anschließen können.

Viele preiswerte Einstiegshelikopter der leichten Gewichtsklasse bis 500gr werden mit BEC-Steckern ausgeliefert. Diese roten Stecker erhitzen sich bei großen Strömen sehr schnell und sind daher nicht für schwere Modelle geeignet, die zum Antrieb eine große Leistung benötigen.

Für etwas größere Ströme werden oft die Tamiya-Stecker eingesetzt. Diese Stecker lassen sich sehr leicht zusammenstecken und wieder auseinanderziehen, da sie hauptsächlich durch eine Plastiklasche aufeinander fixiert werden. Die Tamiya-Stecker werden in verschiedenen Ausführungen angeboten. Für Modelle über 1kg sollte man zu den teureren Versionen mit Goldkontakten greifen, die auch höhere Ströme verkraften.

Für Modelle über 1kg sollte man Hochstromstecker verwenden. Insbesondere beim Einsatz von hochkapazitiven Akkus ist es wichtig, dass sich die Stecker nach langer Laufzeit nicht zu sehr erhitzen. Eine Erhitzung stellt nicht nur eine Gefahr für die Betriebssicherheit dar, sondern kostet auch Leistung, was die Flugdauer verkürzt. Unter den Hochstromsteckern kennt man hauptsächlich die grünen MPX-Stecker und ihre roten Verwandten mit den runden Metallhülsen. Eine andere Option sind sogenannte Goldies (Goldstecker), die jedoch nicht verpolungssicher sind!

Achtung: Beim Verlöten von Hochstromsteckern sollte man Buchse und Stecker zusammenstecken, bevor der Lötkolben angesetzt wird. Nur so lässt sich sicherstellen, dass durch die Hitze keine Verformung der Stecker eintritt!

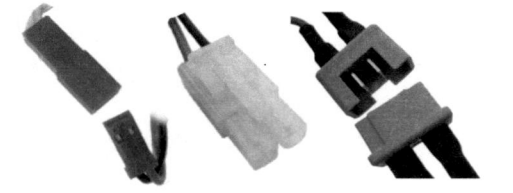

BEC-Stecker   *Tamiya-Stecker*   *MPX-Stecker*

Verteilung der Komponenten

Oft erlaubt das Format des Helirahmens mehrere Varianten, die elektronischen Bauteile zu verteilen. Das schwerste Teil wird in der Regel der Akku sein. Dieser sollte an einer Stelle platziert werden, an der er für einen korrekten Gewichtsausgleich flexibel befestigt werden kann. Der Empfänger sollte möglichst weit von Motorcontroller und Motor befestigt werden, um den Einfluss von Störimpulsen zu minimieren. Der Motorcontroller kann im Betrieb sehr heiß werden, so dass er an einer Stelle untergebracht werden sollte, an der eine ausreichende Kühlung gewährleistet ist. Eventuell ist die Haube an den richtigen Stellen mit Luftlöchern zu versehen. Eine mögliche Anordnung ist auf dem abgebildeten Foto dargestellt.

Empfänger entfernt von Regler und Motor eingebaut, um den Einfluss von Störimpulsen zu vermeiden

Akku lässt sich auf der "Akkurutsche" flexibel befestigen

Motorregler

Motor

Konfiguration der Elektronik

Gas (Pitch-) kurve

Bei pitchgesteuerten Helikoptern strebt man für eine stabile Fluglage eine immer annähernd konstante Drehzahl des Hauptrotors an. Wenn sich der Winkel der Blattanstellung vergrößert (größerer Pitch), so wird der Luftwiderstand ebenso größer. Damit sich die Drehzahl nun nicht vermindert, muss die Motorleistung (Gas) vergrößert werden. Da man als Pilot nur zwei Hände hat und daher mit 4 Steuerachsen auskommen muss, muss entweder der Motorregler sicherstellen, dass die Motordrehzahl konstant bleibt (Governor-Mode) oder der Mischer im Sender die Signale für Gas und Pitch entsprechend mischen. Dazu gibt es Gaskurven, die dieses Verhältnis festlegen. Je nach Flugphase werden unterschiedliche Gaskurven verwendet. Die meisten Sender haben eine vordefinierte lineare Gas- und lineare Pitch-Kurve. Jedoch wird jeder Pilot seine eigenen Gaskurven einstellen wollen, denn jeder hat andere Vorlieben bei der Steuerung. Ebenso muss jeder Pilot seine individuelle Pitch-Kurve finden, die bestimmt, wie stark der Heli auf Bewegungen des Steuerknüppels mit Sink- oder Steigbewegungen reagiert. Als Besitzer eines RTF-Modells hat man leider selten Einflussmöglichkeiten auf die im Sender verwendeten Kurven.

In den folgenden Diagrammen sind mögliche Kurven für drei verschiedene Flugphasen dargestellt. Zur besseren Illustration und Übertragbarkeit auf möglichst viele Sender werden stets 3-Punkt-Kurven vorgestellt. Je nach Modelltyp und dessen Ausstattung sehen die Idealkurven natürlich anders aus, genauso sind die im folgenden aufgeführten Zahlen nur exemplarisch zu deuten! Es ist eine eigene Wissenschaft, die Idealkurven zu finden und jeder Pilot hat hier andere Vorstellungen, wie diese aussehen sollen.

In diesem Abschnitt werden die Kurven für 3 Flugphasen vorgestellt: Autorotation (Motorausfall oder Start/Park-Situation), Normal und 3D-Akro. Der Einsteiger wird zu Beginn nur in der Normal-Flugphase fliegen!

Bei allen Kurven wurde davon ausgegangen, dass der Heli bei oder kurz über Knüppelposition 50% abhebt und hier auch die mögliche Umschaltung in eine andere Flugphase stattfinden soll.

Zunächst einmal möchte man den maximal möglichen bzw. für die eigenen Flugfähigkeiten sinnvollen Pitchbereich ausnutzen. Übliche Werte sind -10 Grad bis +12 Grad für den Pitchbereich. Anfänger sollten niemals den gesamten Pitchbereich ausnutzen und vielleicht komplett auf negativen Pitch verzichten. Für den Anfang definieren wir eine Pitchkurve, die linear über den gesamten Steuerknüppelweg verläuft.

Das Einschalten kann man in der Flugphase Autorotation durchführen, wenn man sichergehen möchte, dass der Motor nicht unbeabsichtigt zu drehen beginnt (Diagramme D1 und D2). Zum Abheben können Sie in den Normal-Modus umschalten (Diagramme D3 und D4). Damit der Heli beim Umschalten keinen Hüpfer vollzieht, sollte der Knüppel noch unterhalb von 50% sein. In diesem Beispiel wird davon ausgegangen, dass bei einem Pitchwert von 15% (etwa 3 Grad Anstellwinkel) und einer Motorleistung von -20% (bezogen auf einer Skala von -100% bis +100%) der Abhebepunkt erreicht ist. Der Sanftanlauf im Governor-Modus sorgt für einen automatischen gleichmäßigen Anstieg der Motorleistung, bis die Zieldrehzahl erreicht ist.

Wollen Sie nun weiter abheben, so ist nicht nur der Pitchwert zu steigern, sondern auch der Motor muss eine größere Kraft aufbringen, damit die Drehzahl konstant bleibt. Arbeitet der Motorregler im Governor-Mode, so kann die Gaskurve konstant bleiben (rote Kurve). Im anderen Fall muss der Sender mit der Steigung

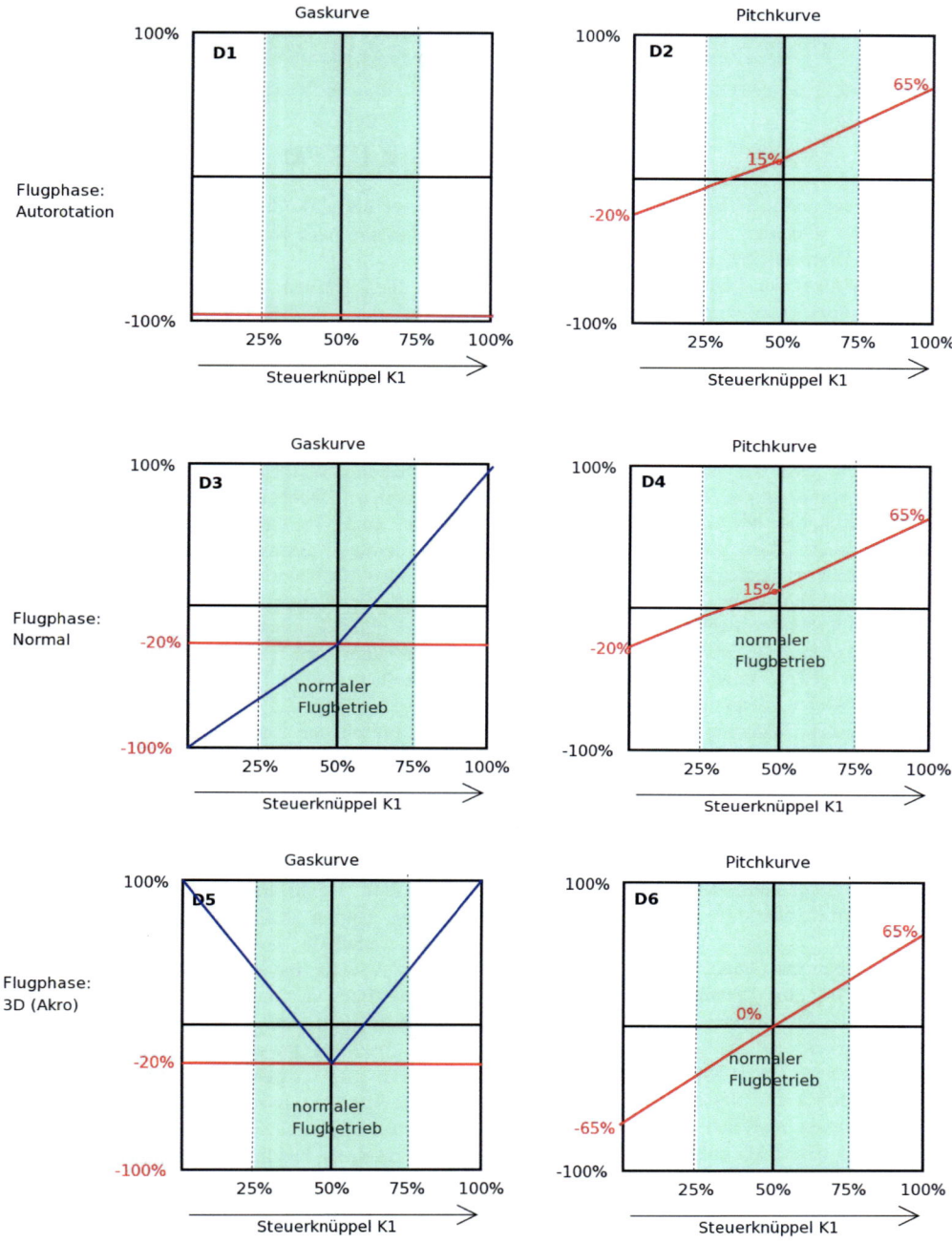

Gaskurve

D1

Flugphase: Autorotation

Pitchkurve

D2

65%

15%

-20%

Gaskurve

D3

Flugphase: Normal

-20%

normaler Flugbetrieb

Pitchkurve

D4

65%

15%

-20%

normaler Flugbetrieb

Gaskurve

D5

Flugphase: 3D (Akro)

-20%

normaler Flugbetrieb

Pitchkurve

D6

65%

0%

normaler Flugbetrieb

-65%

Steuerknüppel K1

der Gaskurve die Konstanz der Drehzahl sicherstellen (blaue Kurve). Ähnliches gilt für das Sinken: Die Gaskurve eines im Normal-Mode arbeitenden Reglers kann heruntergefahren werden, weil weniger Kraftanstrengung vom Motor nötig ist. Meist lässt man die Gaskurve im negativen Bereich etwas abflachen. Die Kurve kann man auch bei über -100% beginnen lassen, wenn man befürchtet, dass der Motor trotz maximalen Sinkflugs sonst ausgeht. Ein wichtiges Einstellkriterium für den negativen Gaskurven-Bereich sollte jedoch sein, dass die Motorleistung nicht derart zurückgeht, dass der Heli durch eine Reduktion der Drehzahl beim schnellen Sinken instabil wird.

Gute Modellhelis erlauben dem erfahrenen Piloten Kunststücke, die mit manntragenden Hubschraubern nicht möglich sind. Dazu gehören beispielsweise die Figuren, bei denen kopfüber geflogen wird. Solche akrobatischen Flugmanöver mit Rückenflug sind nur möglich, wenn man annähernd symmetrische Kurven einstellt. Die Diagramme D5 und D6 sind ein Beispiel dafür. Wie im Diagramm D3 gilt auch im Diagramm D5, dass die rote Kurve für den Governor-Modus und die blaue Kurve für den Normal-Modus eingestellt werden muss. Beabsichtigt der Pilot erst in der Luft in den Akro-Modus umzuschalten, so muss er die vorhergehende Flugphase so anpassen, dass bei der Umschaltposition Pitch- und Gaswert in beiden Flugphasen übereinstimmen, damit der Heli beim Umschalten keinen ungewollten Sprung durchführt.

Nochmal sei betont, dass die dargestellten Kurven nur als Beispiele zu verstehen sind! Von Hersteller zu Hersteller sind andere Kurven in den Sendern implementiert, genauso macht es durchaus Sinn, aufgrund eigener Vorlieben andere Kurven zu definieren. Jeder Sender hat zudem eine andere Skalierung und die aus den Kurvenwerten resultierenden mechanischen Anstellwinkel dürften auch von Modell zu Modell variieren.

Hoch hinaus - der erste Flug!

Dieses Kapitel soll die ersten Schritte beschreiben, um den Heli erfolgreich in die Luft zu bringen, ohne ihn dabei zu crashen. Nicht behandelt werden hier die weiteren Lernschritte, die nötig sind, um den 3D-Flug zu beherrschen.

Landegestell

Ein (Trainings-)Landegestell besteht aus zwei leichten Stäben aus Holz oder Carbonfaser, die kreuzweise übereinander unter den Landekufen befestigt werden. An den vier Enden gehören leichte Kugeln, bevorzugt aus glattem Material. Hier bieten sich Tischtennisbälle an.

Jedem Einsteiger wird eindringlich empfohlen, die ersten Flugversuche mit diesem Hilfsmittel durchzuführen. Jeder Heli hat einen "unbändigen" Zwang zur Seite auszubrechen. Wer zum ersten Mal einen Heli steuert, der wird damit zu kämpfen haben, auf die Ausbrechversuche des Helis zu reagieren, statt ihn kontrolliert nach seinem Willen zu steuern.

Da ergeben sich zwangsläufig spontane und harte Notlandungen, bei denen der Heli zuvor nicht unbedingt horizontal ausgerichtet und bewegungslos über einem Punkt steht. Hat der vorausschauende Pilot in diesen Fällen jedoch die Landeauflagefläche durch das Landegestell vergrößert, so lässt sich dadurch eine Berührung von Rotor und Boden vermeiden.

Noch ein anderer Vorteil ergibt sich aus der Verwendung eines Landegestells: Die Fluglage ist viel besser einzuschätzen, wenn das Modell in einigem Abstand dadurch visuell größer erscheint.

Heli mit Trainings-Landegestell

Reichweitentest

Heutige Sender-Empfangs-Kombinationen sind qualitativ so gut, dass das Modell bereits außer Sichtweite geflogen sein sollte, bevor der Funkkontakt abbricht. Aber wie alle Komponenten können auch Sender und Empfänger ausfallen oder Alterungserscheinungen aufweisen. Wenn man

als Pilot diese Erfahrung erst während eines Rundfluges in vielen Metern Höhe macht, ist der Frust groß. Mit einem Reichweitentest kann man sicherstellen, dass das Funksignal auch noch in größerem Abstand korrekt vom Empfänger empfangen und interpretiert werden kann.

Einen solchen Reichweitentest führt man durch, indem man die Antenne des Senders komplett einschiebt. Damit wird das Sendesignal stark abgeschwächt. Achten Sie darauf, dass Sie nach dem Test den Sender ausschalten oder die Antenne wieder herausschieben, um einen Schaden am HF-Modul des Senders zu vermeiden! Legen Sie die Antenne des Empfängers optimal aus und falls möglich, positionieren Sie das Modell auf einem etwas erhöhten Standort.

Schalten Sie nun zuerst den Sender ein, dann den Empfänger des Helis. Vorsichtige Piloten führen den Test zunächst mit abgeschalteten Motor durch, müssen den Test dann aber in einem zweiten Durchlauf mit voller Motordrehzahl wiederholen, denn Störsignale durch den Motor sind ein wichtiger Einflussfaktor, der bei einem solchen Test berücksichtigt werden muss.

Entfernen Sie sich nun langsam mit dem Sender vom Modell und testen Sie kontinuierlich, ob die Servos durch Betätigen der Steuerknüppel reagieren. Sind Sie nicht alleine, so kann eine zweite Person am Modell beobachten, ob die Servos zu zittern beginnen.

Innerhalb eines Abstandes von bis zu 70 Metern sollten die Servos nicht zittern, sondern klar den Steuersignalen des Piloten folgen. Bei guten Wetterbedingungen sollte sogar ein Abstand von 200 Metern kein Problem sein.

Anmerkung: Einige Sender sind mit Servotestprogrammen ausgerüstet. Diese erlauben es, dass der Pilot mit dem Modell statt dem Sender "spazieren geht".

Heckschweben

Stellen Sie das Modell auf einer ebenen und einigermaßen glatten und weiträumigen Fläche vor Ihnen ab. Ideal sind große Parkplätze oder verwaiste Schulhöfe außerhalb von Wohngebieten und frei von Zuschauern. Schalten Sie den Sender ein, stellen den Motorhebel/Pitch auf Null. Erst dann schalten Sie den Heli „scharf".

Stellen Sie sich in mindestens 5 Metern Abstand zum Heli so hin, dass dessen Heck zu Ihnen zeigt. Gehen Sie einen Schritt zur Seite, damit sie später die Fluglage besser beurteilen können.

Geben Sie nur soviel Gas, dass der Heli „leicht" wird. Er wird bei einigermaßen guter Vortrimmung nun versuchen, über den Boden in seitlicher Richtung zu rutschen. Seine Vorzugsrichtung ist übrigens von der Drehrichtung des Hauptrotors abhängig! Stellen Sie die Trimmung geeignet ein und versuchen Sie den Heli auf einer Stelle zu halten. Haben Sie ein Landegestell mit glatten Tischtennisbällen unter dem Heli befestigt, so ist der Lerneffekt hier am besten, denn der Heli kann rutschen ohne wirklich vom Boden abzuheben.

Erst, wenn Sie die obige Aufgabe erfolgreich mehrere Sekunden schaffen (und das Erlernen kann Tage dauern), geben Sie mehr Gas und lassen den Heli etwas höher steigen. Er ist in Bodennähe zwar instabiler als in großer Höhe. Aber wenn Sie ihn unten beherrschen, so sind größere Höhen später kein Problem mehr.

Achten Sie immer darauf, dass das Heck stets zu Ihnen zeigt!

Achten Sie auch darauf, dass die horizontale Fluggeschwindigkeit nicht zu groß wird. Bevor dies passiert, lassen Sie ihn einfach „fallen". Bei Flugversuchen in Bodennähe halten sich mögliche Schäden in Grenzen.

Rechts und links...

Wenn Sie das Heckschweben beherrschen und einigermaßen punktgenau wieder landen können, sollten Sie versuchen, den Heli im Flug mal nach links und mal nach rechts gieren zu lassen. Verlängern Sie die Intervalle, indem Sie die Drehung mit zunehmender Erfahrung immer langsamer vollziehen. Sind Sie soweit, dass der Heli längere Zeit stabil nach links oder nach rechts zeigen kann, versuchen Sie auch Start und

Landung aus dieser Position. Je tiefer Sie fliegen, desto instabiler ist der Flug. Der Lerneffekt ist dabei aber größer, weil Sie insbesondere in Bodennähe ziemlich viele kleine Korrekturbewegungen durchführen müssen. Außerdem gilt natürlich auch hier wieder, dass Schäden bei Crashs in geringen Höhen kleiner ausfallen.

Nasenschweben

Dies ist wieder eine Übung, die Sie besser "aus dem Stand heraus" beginnen. Stellen Sie den Heli mit der Nase zu Ihnen zeigend auf den Boden und versuchen Sie kleine Hüpfer am Boden. Sie werden feststellen, dass das seitenverkehrte Steuerverhalten sehr anspruchsvoll ist! Versuchen Sie zunächst, die Richtung der Hüpfer selbst zu bestimmen. Erst dann machen Sie den nächsten Schritt und versuchen sich am Schwebeflug. Diese Lernphase gehört für die meisten Schülern zu

einer der schwierigsten Phasen. Deswegen sei dringend angeraten, zum Üben wieder das Trainings-Landegestell zu befestigen. Besondere Beachtung gilt hier dem Heck, welches erfahrungsgemäß bei dieser Übung die meisten Bodenberührungen vollzieht. Ein korrekt eingestellter Gyro ist ungemein hilfreich, damit man sich in dieser Übungsphase besser auf die Nick- und Roll-Bewegungen konzentrieren kann.

Rundflug

Beherrschen Sie die vorangegangenen Übungen und sind Sie in der Lage, auch wieder punktgenau zu landen, so können Sie diese Übungen kombinieren (z.B. eine Acht fliegen) und den Heli Schritt für Schritt weiter von Ihnen wegsteuern. Sie werden irgendwann automatisch in den Rundflug übergehen. Bei diesen raumgreifenden Flügen müssen Sie besonders darauf achten, genügend Abstand zu

überraschend auftauchenden Zuschauern einzuhalten!

In diesem Level sind Sie in der Lage, den Heli lange in der Luft zu halten. Vergessen Sie daher nicht, am Sender einen Timer zu programmieren, der Sie vor einem leeren Akku warnt!

Heli-spezifische Effekte

Bei den ersten Flugversuchen wird man als angehender Pilot interessante Effekte beobachten können, die man vorher wahrscheinlich nicht vermutet hat. Da wäre zunächst der Bodeneffekt. Unterhalb einer Höhe von etwa einem Rotorradius scheint der Heli wie auf einem Luftkissen zu fliegen. Er ist hier sehr instabil und versucht zu allen Seiten auszubrechen. Die nach unten geblasene Luft kann am Boden nicht weiter sinken und wird zur Seite abgelenkt. An den Rotorblattspitzen wird die Luft wie im Kreis erneut in den Sog nach unten gedrückt. Durch diese Luftverwirbelungen entsteht die beschriebene Instabilität. Die positive Nebenwirkung dieses Luftkissens ist die geringere nötige Energie zum Abheben des Helis. Gerade rein drehzahlgesteuerte Helis können sich eine sehr lange Zeit mit einer einzigen Akkuladung nahe über dem Boden halten.

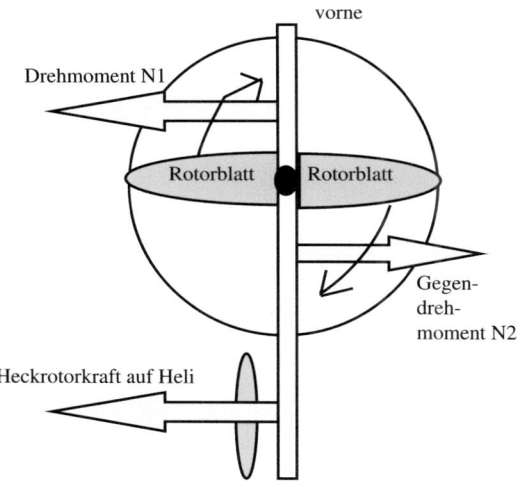

Ein anderer interessanter Effekt ist das Ausbrechen zu einer Seite beim Abheben. Hier wird durch das Drehmoment und die Kraft des Hecks der Heli in eine Richtung gedrückt. Damit der Heli genau senkrecht abhebt, ist ein entgegensteuerndes „Rollen" nötig. Direkt nach dem Abheben ist diese Gegensteuerung zu halbieren, da sich der gesamte Heli in der Luft dann bereits in diese Richtung geneigt hat. Die Kräfte, die den Heli zur Seite ausbrechen lassen, sind im Bild eingezeichnet. Je nach Drehrichtung des Hauptrotors wird der Heli beim Abheben und während des Flugs seitlich nach links oder rechts gezogen.

Steuert man den Heli mit größerer Geschwindigkeit in eine Richtung, so gewinnt er an Höhe. Wenn er nämlich an einer Stelle schwebt, tritt folgendes auf: Ein Rotorblatt schiebt die Luft nach unten. Das nächste Rotorblatt gerät in die gleiche Luftströmung des ersten Rotorblatts, also in die sich bereits nach unten bewegende Luftmasse. Dadurch ist der gesamte Auftrieb geringer. Fliegt der Heli jedoch schnell in eine Richtung, so kreisen die Rotorblätter auch in Luftmassen, die noch nicht nach unten gewirbelt wurden. Dadurch wird der Auftrieb erhöht. Der gleiche Effekt tritt auf, wenn eine starke Windböe auf den schwebenden Heli trifft. Er wird dann sofort an Höhe gewinnen, bei nachlassender Windstärke jedoch genauso schnell wieder sinken. Windiges Wetter ist für den Einstieg daher wenig geeignet!

Konkrete Beispiele

In den vorangegangenen Kapiteln wurden die Themen so behandelt, dass sie sich weniger an Produkten einzelner Hersteller orientierten, sondern die prinzipiellen Eigenschaften einer Komponente beschreiben sollten oder die Vorgehensweise eines Arbeitsschritts im Vordergrund stand.

In diesem Kapitel sollen nun konkrete Beispiele gezeigt werden. Diese orientieren sich an bestimmten Produkten und sind nur bedingt auf Produkte anderer Hersteller übertragbar.

Es sollen nur die ersten Schritte zur Einrichtung beschrieben werden, mit denen man das Produkt prinzipiell schon verwenden kann. Weiterführende Fein-Tunings müssen den Anleitungen der Hersteller entnommen werden.

Programmierung des Senders mx-16s

Die Fernsteuerung Graupner mx-16s ist ein Sender im unteren Preissegment, der für alle gängigen Modelle, die einen Empfänger mit zwei Symbole, davon wählen Sie das Heli-Symbol aus. Nun ist an diesem Speicherplatz ein Heli-Modell eingestellt, welches jedoch nur die

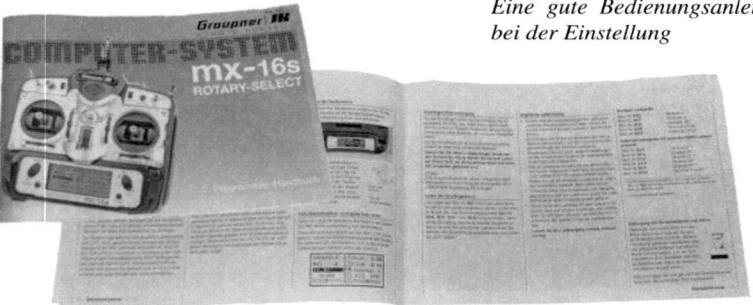

Eine gute Bedienungsanleitung zum Sender hilft bei der Einstellung

PPM-Protokoll besitzen, geeignet ist. An dieser Stelle soll vorgestellt werden, wie man bei der Erstkonfiguration des Senders vorgehen kann, um ein pitchgesteuertes Modell mit 120 Grad Taumelscheiben-Anlenkung zu konfigurieren (z.B. Align T-Rex 450 SE).

Anlegen eines neuen Modells

Nach dem Einschalten der mx-16s werden Sie gefragt, ob das HF-Signal aktiviert werden soll. Für die Konfiguration ist dies noch nicht nötig.

Drücken Sie ENTER, um ins Hauptmenü zu gelangen. Wählen Sie "ModSpeicher" aus und legen Sie ein weiteres Modell an, indem Sie "Modell aufrufen" anwählen und dort einen freien Speicherplatz selektieren. Es erscheinen

reinen Default-Werte besitzt.

Elektrik

Die Firmware der mx16s nimmt dem Benutzer vieles an Einstellarbeit ab, wenn man die Servos und elektronischen Bauteile wie Gyro und Regler wie in der Anleitung des Herstellers aufgeführt am Empfänger anschließt.

Konfigurieren der Grundfunktionen

Gehen Sie wieder ins Hauptmenü und wählen diesmal die "Grundeinstellungen" aus. Ändern Sie den Modellnamen nach Belieben. Als nächstes lässt sich die Steueranordnung auswählen. In Deutschland verwenden wahrscheinlich die meisten Piloten die Anordnung 2, bei der die Steigleistung mit dem linken Steuerknüppel gesteuert wird. Als Modulationsart lässt sich PPM, SPCM und PCM auswählen. Welche Modulationsart Sie auswählen sollten, hängt vor allem vom eingesetzten Empfänger ab. SPCM und PCM sind Protokolle, die mit einer digitalen Fehlerkorrektur arbeiten. Dadurch können leichte Störungen in der Funkverbindung vom Empfänger korrigiert werden, ohne dass der Pilot davon etwas merkt. Dazu muss der Empfänger SPCM oder PCM aber auch sprechen! Ein Nachteil von (S)PCM kann jedoch sein, dass der Pilot eine schlechte Funkverbindung erst dann bemerkt, wenn das Signal bereits so stark gestört ist, dass keine Fehlerkorrektur mehr möglich ist. PPM wird von den meisten Empfängern verstanden. Eine schlechte Funkverbindung kann dabei schnell zu leichten Fehlimpulsen an die Servos führen, aber der Pilot hat meist noch die Möglichkeit, das Modell kontrolliert wieder zu landen, bevor ein Komplettausfall eintritt.

Unter dem Menüpunkt "Taumelsch." müssen Sie nun einstellen, wie die Taumelscheibe angesteuert wird. Nehmen wir als Beispiel

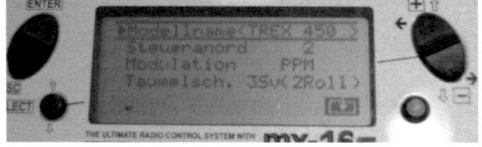

wieder den T-Rex 450 SE, so ist eine 120-Grad Anlenkung aus zwei Roll- und einem Nick-Servo zu konfigurieren. Dafür ist "3Sv(2Roll)" einzustellen. Für die 90-Grad-Varianten (z.B. LMH) gibt es die Einstellung "2 Servos".

Die Rotor-Drehrichtung ist beim T-Rex 450 SE "rechts", beim LMH "links". Üblicherweise stellen die Piloten "Pitch min" auf "hinten" ein, wer aber zum Abheben den Steuerknüppel "ziehen" möchte, stellt "vorne" ein.

Die mx-16s verfügt über Uhren und Timer, um den Piloten akustisch darauf hinzuweisen, wenn der Akku fast leergeflogen ist. Geben Sie einen Timer vor, bei dem der Akku zu 2/3

leergeflogen ist. Dies geschieht bei der mx16s, indem Sie den Menüpunkt "Uhren" selektieren und den Cursor auf dem ersten "SEL" stehen lassen, dort die Taste SELECT drücken und mit "+" und "-" den Minutenteil auf den gewünschten Timerwert stellen. Drücken Sie danach wieder SELECT. Die Uhr soll später dann laufen, wenn der Gaslimiter zugedreht ist. Dieser Gaslimiter wird meistens auf CTRL7 gelegt. Drehen Sie diesen Regler nun voll auf. Wählen Sie nun das Schaltersymbol aus. Sie werden aufgefordert, den entsprechenden Schalter in die Ein-Position zu setzen. Drehen Sie den Gaslimiter nun ganz zu.

Für die Steuerung eines Helis kann man verschiedene Flugphasen definieren. Die mx-16s erlaubt drei unterschiedliche Phasen, von denen eine bereits vorkonfiguriert ist und nur mit Einschränkungen verändert werden kann: dies ist die Autorotation, die einen Motorausfall simuliert bzw. in die bei einem Motorausfall sofort geschaltet werden muss, um den Heli kontrolliert zu landen.

Die beiden Ihnen noch zur Verfügung stehenden Phasen können zum Beispiel später so konfiguriert werden, dass sie eine der Phasen zum Starten und Landen verwenden, während Sie die andere Phase für den 3D-Flug einsetzen. Das Umschalten der Flugphasen kann während des Fluges durchgeführt werden und der Sender sorgt dafür, dass diese Umschaltung weich erfolgt. Eine Ausnahme ist die harte Umschaltung in die Autorotation.

Von diesen beiden frei konfigurierbaren Phasen existiert schon durch das Anlegen des Modells die Phase "Normal". Diesen Namen können Sie nicht ändern. Für die Phase 2 können Sie jedoch aus einer Liste von verschiedenen vordefinierten Namen einen geeigneten Namen auswählen, z.B. "Akro". Viel wichtiger ist die Zuordnung eines Schalters. Der zweistufige Schalter SW6/7 bietet sich an, für die Umschaltung in alle drei Phasen zu dienen. Die Zuordnung geschieht, indem Sie den Schalter nach Aufforderung wieder in die EIN-Position schalten. Analog gehen Sie dazu für die Schalterzuordnung für die Flugphase "Autorotation" vor.

Die restlichen Einstellungen des Grundfunktionen-Menüs können Sie zur Zeit ignorieren.

Konfiguration der Servoeinstellungen

In diesem Menü sollten Sie nicht viel ändern müssen. Nur die Wirkrichtung ist korrekt einzustellen.

Konfiguration der Gebereinstellungen

Wenn Sie einen Gyro verwenden, der die senderseitige Einstellung der Sensitivity erlaubt (z.B. GY 401), so sollten Sie den Geber "Gyr" auf Geber 6 (dann lässt sich später die Empfindlichkeit des Gyros mit dem Tippschalter CTRL 6 einstellen) und den Limiter auf Geber 7 (CTRL 7) konfigurieren. Die restlichen Werte sollten Sie zunächst so belassen.

Konfiguration der DualRate- und Expo-Einstellungen

Im Untermenü "D/R Expo" lässt sich einstellen, für welche Steuersignale eine DualRate oder Expo-Kurve einstellbar sein soll. Besitzen Sie einen Heli, der sehr empfindlich auf Roll- und Nick-Steuersignale reagiert, sollten Sie bei Nick und Roll einen Schalter für Expo zuweisen, es bietet sich der Schalter SW1 an. Ein Expo von nicht mehr als 20% ist angemessen.

Konfiguration der Mischer

Im Untermenü "Helimix" können Sie für jede Flugphase unterschiedliche Gas-, Pitch-, Heck- und Gyro-Kurven festlegen. Die Stellung des im vorherigen Menüs zugewiesenen Schalters für die Flugphasen bestimmt, für welche Phase Sie gerade die Kurven definieren. Im Autorotations-Modus stehen Ihnen naturgemäß keine Gaskurven für den Steuerknüppel K1 (Steigleistung) zur Verfügung.

Wie sie die Gas- und Pitchkurven einstellen ist einerseits Geschmackssache, andererseits abhängig vom Regler. Besitzen Sie einen Regler, der einen guten Governor-Modus implementiert hat (geht per Sanftanlauf auf eine vorgegebene Drehzahl und hält diese trotz Pitchänderungen konstant), so sollten Sie zumindest eine Flugphase definieren, die eine konstante Gaskurve besitzt, die jedoch nicht bei 100% liegen sollte, damit der Regler noch Reserven hat. Wenn Sie einen Regler einsetzen, der mit dem Sendersignal programmiert wird, macht es Sinn, eine Flugphase zu definieren, die auch 100% simuliert. Programmieren Sie beispielsweise eine 100%-Gerade als Gaskurve, so können Sie leicht durch Umschalten von Autorotation in diese Flugphase den Regler programmieren.

Programmierung des Senders Multiplex Cockpit SX

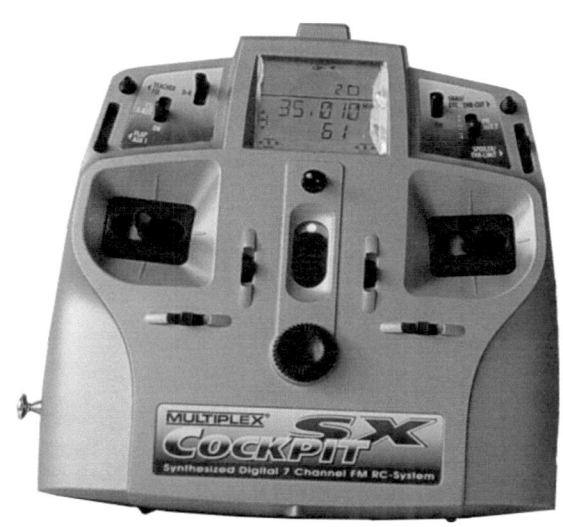

Auch die Fernbedienung Cockpit SX der Firma Multiplex ist im einsteigerfreundlichen Preissegment angesiedelt und bietet mit 7 Kanälen und allen wichtigen Funktionen genügend Potential für die zukünftige Profipilotenkarriere.

Deswegen soll auch an dieser Stelle exemplarisch gezeigt werden, wie man ein Helimodell auf diesem Sender konfiguriert.

Obwohl auch dieser Sender alle grundlegenden Funktionen wie DualRate, Expo, verschiedene Flugphasen, usw. besitzt, wird nur auf die grundlegende Ersteinrichtung eingegangen. Wenn man die Menüführung verstanden hat, ist es ein Leichtes, auch die weiterführenden Funktionen zu nutzen. In diesem Bereich unterscheidet sich die Cockpit SX nicht so sehr von der im vorhergehenden Abschnitt vorgestellten mx-16s, so dass ein Blick ein paar Seiten zurück möglicherweise bei Fragen weiterhilft, wenn die Anleitung des Herstellers nicht verständlich ist.

Anlegen eines neuen Modells

Nach dem Einschalten ist das HF-Signal noch nicht aktiviert. Dies ist auch zum Konfigurieren nicht nötig. Mit einem langen Druck auf den 3D-Schalter gelangen Sie ohne Aktivierung des HF-Signals in das Hauptmenü. Je nach Vorkonfiguration kann ein weiterer kurzer Druck erforderlich sein. Es wird davon ausgegangen, dass bereits Deutsch als Menüsprache voreingestellt ist. Drehen Sie den 3D-Schalter so lange, bis der Menüpunkt "Menü" dargestellt wird. Drücken Sie kurz den 3D-Schalter, es erscheint "Setup", drehen Sie bis zum Menüpunkt "Memo" und drücken Sie wieder kurz auf den 3D-Schalter. Wenn "Gehe zu" erscheint, wählen Sie durch Drehen des 3D-Schalters "Neu" aus. An dieser Stelle können Sie nun ein neues Modell hinzufügen. In unserem Fall soll ein Heli-Modell hinzugefügt werden. Drehen Sie also so lange am 3D-Schalter, bis sie "Heli" dargestellt sehen und bestätigen diese Einstellung wieder mit einem kurzen Druck auf den 3D-Schalter.

Im nächsten Schritt können Sie nun einen Namen für das Modell festlegen. Die Buchstabenwahl geschieht wieder durch Drehen des Schalters, einen Buchstaben weiter rückt man mit Druck auf denselben.

Der nächste wichtige Schritt besteht in der Auswahl des Modus. In Deutschland verbreitet ist das Fliegen im Modus 2, bei dem der linke Steuerknüppel die Steigleistung bestimmt. Mit der gleichen Bedienungsweise stellen Sie im Menü Setup -> Modell -> Mode den Modus 2 ein.

Nun muss eingestellt werden, wie die Taumelscheibe im Heli angesteuert wird. Dies geschieht im Menü -> Mixer -> Kopf -> Typ. Hier ist ein Blick in die Anleitung des Herstellers erforderlich, um den richtigen Typ auszuwählen. Wird die Taumelscheibe beispielsweise mit einer 3-Punkt 120 Grad Anlenkung mit zwei Rollservos vorne und einem Nickservo hinten angesteuert (z.B. beim T-Rex 450 SE), so ist hier der Modus 3 einzustellen.

Wer die Leerlaufstellung bzw. das Pitch-Minimum gerne vorne hat, sollte nun im Menü Modell -> Mode -> Gas R auf "1" stellen.

Elektrik

Nun ist es an der Zeit, die Servos an den richtigen Empfängerausgängen anzuschließen. Für jede Taumelscheibenanlenkung wird eine andere Beschaltung erforderlich sein. Diese kann man der Anleitung des Herstellers entnehmen. Grundsätzlich gilt aber bei 3- und 4-Punkt Ansteuerungen, dass jeweils der in Flugrichtung links ansteuernde Servo auf Kanal 2, der rechts ansteuernde auf Kanal 4 und der hinten ansteuernde Servo auf Kanal 1 oder 3 horchen muss. Wenn nun die Wirkrichtung eines Servos falsch ist, so kann diese im Menü Servo -> Servonummer -> Rev invertiert werden.

Testen Sie die Ansteuerung der Servos jedoch ohne angeschlossenen Motor, denn die Gaskurve ist bis jetzt noch nicht richtig konfiguriert!

Gas- und Pitch-Kurven

In einem neu angelegten Modell sind sowohl die Gas- als auch die Pitch-Kurve lineare Geraden von 0% bis 100% über den gesamten Steuerknüppelweg. Insbesondere bei pitchgesteuerten Helis, deren Motorcontroller im Governor-Modus arbeitet (hält die Drehzahl konstant), sollte eine konstante Gaskurve definiert werden. Dazu sieht die Cockpit SX zwei Möglichkeiten vor. Da jedoch eine bestimmte Variante nur Vorteile bietet, wenn das Modell schon im Betrieb ist (dann sollte man eigentlich niemals die Kurven ändern!), wird diese hier nicht vorgestellt, sondern die Variante beschrieben, bei der das Modell ausgeschaltet ist. Wechseln Sie ins Menü Geber -

> Gas. Mit dem Pitch-Knüppel (diesen haben Sie durch den Modus festgelegt) wählen Sie den Punkt aus, an dessen Stelle Sie die Kurve anpassen wollen. Die Cockpit SX hängt die Kurve an 5 Punkten auf. Durch Druck auf den 3D-Schalter wählen Sie den Punkt an und stellen durch Drehen des 3D-Schalters den gewünschten Wert ein. Ein weiterer Schalterdruck führt wieder zur Auswahl des nächsten Punktes.

Tastenbelegung

Im Gegensatz zur vorher vorgestellten mx-16s sind die Schalter der Cockpit SX nicht frei belegbar, sondern festen Funktionen zugeordnet. Aber auch hier gilt, dass ein versehentlicher Druck auf die falsche Taste nichts schlimmes bewirken sollte, wenn man nicht vorher dessen Funktion aktiviert hat. So muss man die Flugphasen erst aktivieren, damit der Schalter für die Flugphasen überhaupt entsperrt ist.

Mechanik der Steuerknüppel

Anders als viele andere Fernsteuerungen muss die Cockpit SX nicht geöffnet werden, um die Neutralisierungsfedern zu (de-)aktivieren oder die Rasterung und die Rückstellkraft einzustellen. Stattdessen werden diese Einstellungen mit einem winzigen

Imbussschlüssel auf der Rückseite des Geräts vorgenommen. Für die Steuerung eines Heli-Modells kann es ratsam sein, beim Gas/Pitch-Knüppel von der Voreinstellung abzuweichen.

Lipo-Akku mit Schulze Lipo-Card

Ganz häufig kommt ein 3-zelliger Lipo-Akku zum Einsatz. Dieser muss mit der richtigen Technik geladen werden, um den Akku nicht zu

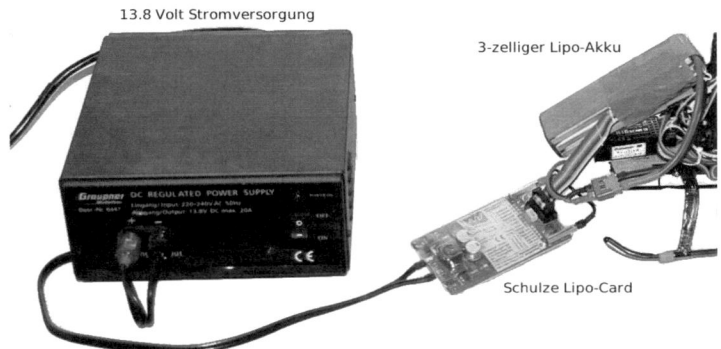

13.8 Volt Stromversorgung

3-zelliger Lipo-Akku

Schulze Lipo-Card

zerstören. In diesem Abschnitt soll die Lipo-Card der Firma Schulze vorgestellt werden. Diese Karte benötigt auf der einen Seite einen 12V-Eingang. Dies kann wie in der Abbildung ein Netzteil sein, welches 13,8 Volt Ausgangsspannung liefert, auf der anderen Seite darf es aber auch eine Autobatterie sein, so dass man den Akku an jedem beliebigen Ort aufladen kann. Wichtig ist, dass die Stromquelle leistungsfähig genug ist, den Akku mit genügend Strom zu versorgen. Wie viel Strom fließen muss, ist wiederum vom Akku abhängig.

Die LipoCard enthält zwei Anschlüsse für den Akku: Einer dient nur dem Ladestrom, der andere ist zum ausbalancieren der einzelnen Zellen des Akkupacks gedacht. Das Balancerkabel liegt der LipoCard bereits bei, muss jedoch selber mit einem Stecker und einer Verbindung zum Akku versehen werden.

In der Zeichnung wird exemplarisch für einen 3-zelligen 2100 mAh-Lipo-Akku gezeigt, wie die elektrischen Verbindungen zwischen LipoCard und Akku zu verschalten sind.

Nicht jeder Modellbauer ist ein geübter Elektriker. Aus diesem Grund soll anhand einer Fotostrecke beschrieben werden, wie man das Schaltdiagramm nun praktisch umsetzt, um einen frischen "unbehandelten" Akkupack für den Anschluss an die LipoCard umzubauen. Oft ist übrigens bereits ein Balancerkabel am neu erworbenen Akkupack angeschlossen, doch ist dieses selten für die Schulze LipoCard geeignet. Wenn man es beim Umbau aber nicht entfernt,

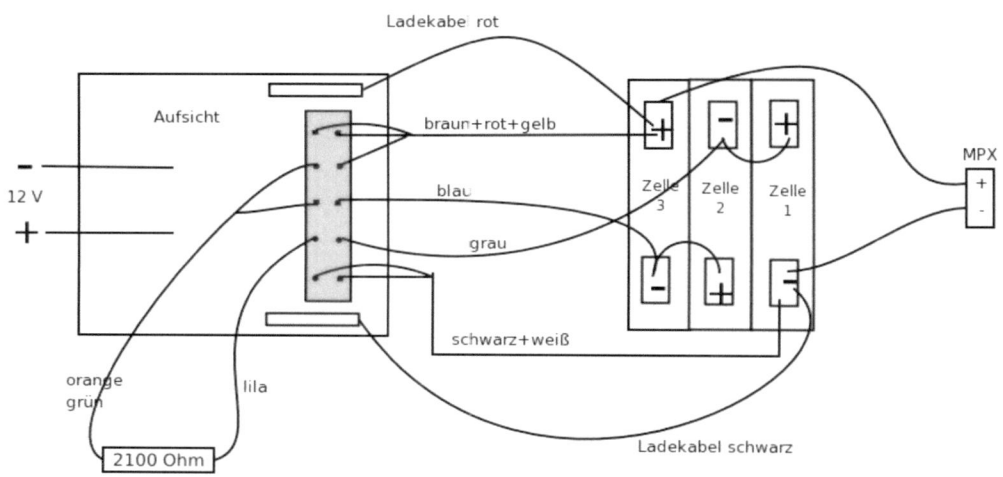

kann man es später möglicherweise beim Umstieg auf ein anderes Ladegerät verwenden.

Bild 1: Führen Sie das Balancerkabel durch die beiden Buchsenpaare und spannen die Buchsen nun in den Schraubstock. Ziehen Sie den Schraubstock an, so dass die einzelnen Kabel durchstochen werden und fest zwischen den Buchsenpaaren fixiert sind. Bei Bedarf kann eine weitere Schutzbuchse aufgesetzt werden.

Bild 2: Kürzen Sie das Balancerkabel auf der anderen Seite. Wählen Sie eine Länge, bei der Sie den Akku später leicht an die LipoCard anschließen können, ohne ihn vom Modell entfernen zu müssen.

Bild 3: Legen Sie die Kontakte auf dem Akkupack frei. Wenn Sie sicher sind, dass Sie ein möglicherweise bereits vormontiertes Balancerkabel nicht mehr benötigen, können Sie es entfernen.

Bild 4: Ziehen Sie die Enden der Litzendrähte auseinander, doch lassen Sie nebeneinanderliegende Adern, die später am gleichen Kontakt angelötet werden sollen, zusammen.

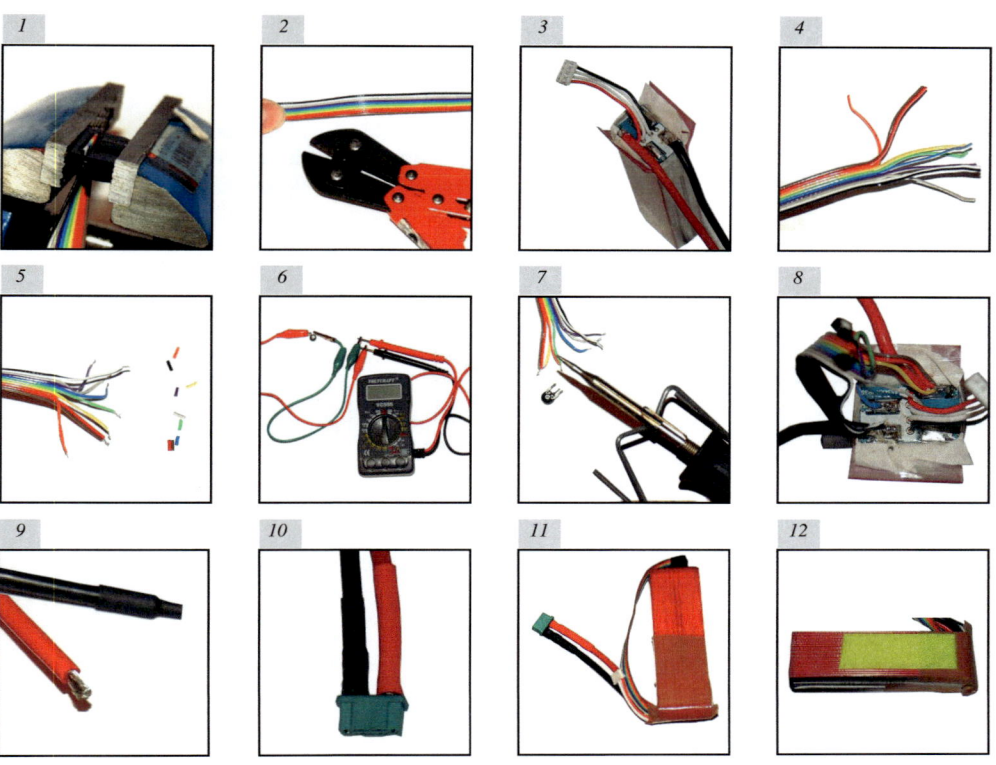

46

Bild 5: Abisolieren und Verdrillen der Enden. Adern, die später am gleichen Kontakt angelötet werden sollen, können Sie miteinander verdrillen.

Bild 6: Stellen Sie am Drehwiderstand den gewünschten Wert ein, anhand dessen die LipoCard später die Akkukapazität erkennen kann. Alternativ können Sie natürlich einen geeigneten Festwiderstand verwenden.

Bild 7: Tragen Sie etwas Lötzinn auf die Litzendrähte auf und verlöten den Widerstand an den orange/grünen Adern und der lila Ader.

Bild 8: Nun verlöten Sie auf die gleiche Weise die anderen Litzendrähte an den Akkukontakten. Passen Sie auf, dass Sie keinen Kurzschluss verursachen!

Bild 9: Durch die beiden dicken Adern soll demnächst der "richtige" Strom fließen. Isolieren Sie einen oder gleich beide Drähte ab. Es ist wichtig, dass sich die beiden Drähte nicht berühren, da ein Kurzschluss den Akku beschädigen kann.

Bild 10: Führen Sie Schrumpfschlauch über die Kabel, löten diese am MPX-Hochstromstecker an und erhitzen den Schrumpfschlauch. Ein guter Föhn reicht in der Regel aus, damit sich

der Schrumpfschlauch zusammenzieht. Hinweis: Wenn Sie den MPX-Stecker beim Verlöten in eine MPX-Buchse einstecken, verhindern Sie Verformungen durch die Hitzeentwicklung.

Bild 11: Schützen Sie die Akkukontakte mit gutem Klebeband. Achten Sie darauf, dass sich keine Kontakte ungewollt berühren. Der angelötete Widerstand sollte nicht auf den Akkukontakten aufliegen! Messen Sie vorsichtshalber den Widerstand erneut nach, bevor Sie ihn isolieren und bestenfalls seitlich festkleben.

Bild 12: Wenn Sie Klettband aufkleben, liegt der Akku später leicht gefedert auf der Akkurutsche.

Die Montageschritte sind nun abgeschlossen. Wenn Sie das Balancerkabel nun auf die eingeschaltete LipoCard aufstecken, sollte diese die Anzahl der Zellen und die Kapazität anhand der LEDs sofort anzeigen. Ist dies nicht der Fall, müssen Sie die Verlötung erneut kontrollieren.

Beim Druck auf den Start-Knopf leuchten die gelben LEDs zyklisch. Jede LED hat einen Wert und die Summe der Werte der leuchtenden LEDs gibt den gerade fließenden Ladestrom an. Während des Ladevorgangs kann die LipoCard sehr heiß werden. Bei Beendigung des Ladevorgangs sollte die Error-LED nicht leuchten.

Konkrete Helikopter

Microheli PicooZ von Silverlit

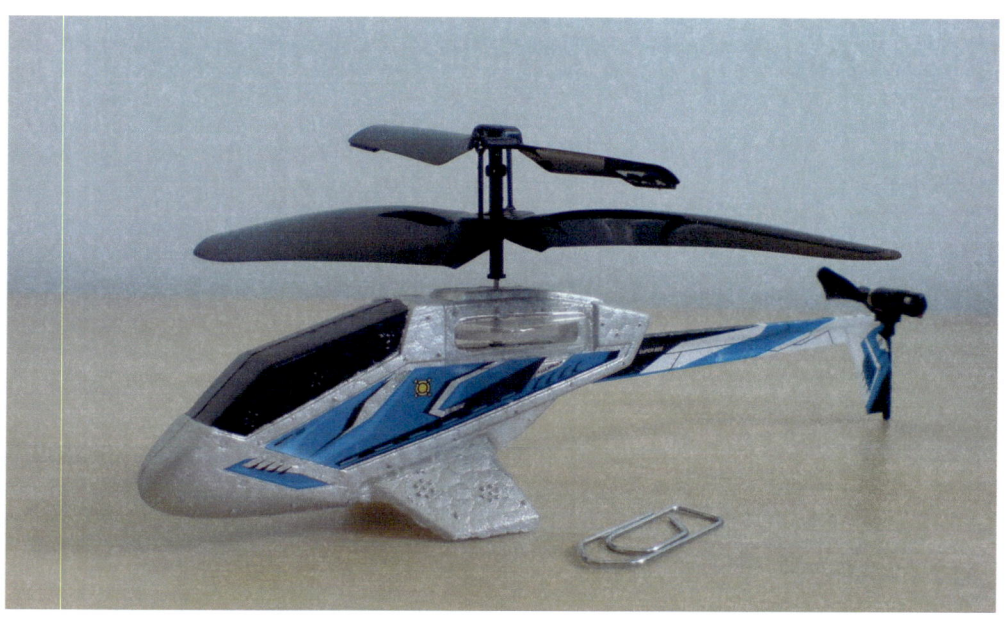

Wer einen leichten und sehr preiswerten Heli für den Spaß im Wohnzimmer sucht, der ist mit dem PicooZ von Silverlit gut bedient. Dieser Heli wird als Fertigmodell inklusive einer Infrarot-Fernbedienung bei einigen Händlern schon für unter 30 EUR angeboten. Es gibt ihn in verschiedenen Farbausführungen und Beschriftungen.

Der Winzling wiegt keine 10 Gramm und die auf dem Foto abgebildete Büroklammer illustriert seine Größe. Obwohl dieses Modell kein Koaxialheli ist, ist es erstaunlich eigenstabil. Der 2-Kanal-Sender erlaubt die Steuerung von Heck und Auftrieb durch Variation der Drehzahlen der beiden Motoren. Da das Modell leicht nach vorne geneigt ist, lässt sich damit jeder Punkt im Raum anfliegen. Durch Anbringen von Gewichten kann das

Flugverhalten noch weiter beeinflusst werden. Ein Outdoor-Einsatz ist jedoch schon bei leichtestem Wind nicht mehr ratsam.

Der im Modell enthaltene Lipo-Akku wird über den Sender geladen (das Anschlusskabel befindet sich hinter einer Abdeckung im Sender) und erlaubt eine Flugzeit von etwa 6 Minuten.

Leichte Abstürze fügen dem Leichtgewicht in der Regel keinen Schaden zu. Trotzdem liegt dem Paket in der Regel ein Ersatz-Heckrotor bei.

Wer sich später einen weiteren Heli zulegt oder bereits ein anderes Modell besitzt, wird sich wahrscheinlich umgewöhnen müssen, denn fernsteuerbare Nick- und Roll-Bewegungen beherrscht das Modell nicht. Der Spaßfaktor ist mit diesem Modell aber garantiert.

Koaxialheli: Lama SA-315B von Ikarus

Der Lama SA-315B der Firma Ikarus ist ein 4-Kanal-Heli mit voller Steuerbarkeit. Er ist dem manntragendem Heli gleichen Namens nachgebildet, hat jedoch im Unterschied zu diesem ein Doppelrotorsystem. Der Heli wird als RTF-Modell verkauft, d.h. nach dem Auspacken ist außer dem Einsetzen der Stabilisierungsstange keine weitere Montage erforderlich, um loszulegen. Wer viel Wert auf das äußere Erscheinungsbild legt, kann noch das mitgelieferte Höhenleitwerk anstecken. Der im Set enthaltene Lipo-Akku erlaubt Flüge um die 15 Minuten und sollte vor dem Start geladen werden.

Obwohl das Modell aufgrund seines geringen Gewichts (200 Gramm inklusive Akku) und seiner Bruchfestigkeit sehr tolerabel auf leichte Abstürze reagiert, liegen Ersatzrotorblätter bei.

Das Modell wird in einer 35Mhz- und einer 40Mhz-Variante angeboten. Die Frequenzen sind für den Modellflug reserviert. Dies ist ein Vorteil zu den oft in Billigmärkten angebotenen Flugmodellen, die auf 27Mhz horchen.

Im Auslieferungszustand ist der Steuermodus 2 voreingestellt. Das bedeutet, dass die Steigleistung über den linken Steuerknüppel bestimmt wird. Wer bereits Erfahrung mit einem anderen Heli gesammelt hat und sich an dessen

Steuerung gewöhnt hat, wird in der Bedienungsanleitung die Beschreibung des Senderumbaus auf Modus 3 begrüßen. Diese Beschreibung hilft nämlich auch, wenn man den Sender auf den weitverbreiteten Modus 1 umkonfigurieren möchte. Der Pilot muss hierzu den Sender öffnen und einige kleine Umbauten vornehmen.

Die Beschriftung des elektronischen Steuerbauteils am Heli ist sehr gut, so dass man auch ohne Anleitung später auf dem Flugfeld problemlos erkennt, welche Regler für die Gyrokonfiguration einzustellen sind oder welche Servostecker an welcher Stelle wieder

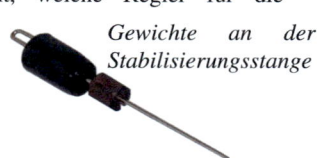

Gewichte an der Stabilisierungsstange

einzusetzen sind, wenn sie durch eine harte Landung mal herausgefallen sein sollten.

Wer den gutmütigen Koaxialheli für den leichten Einstieg ins Hobby gewählt hat, später aber auf einen einrotorigen Heli umsteigen möchte, der sollte testweise mal die Gewichte der Stabilisierungsstange entfernen oder die Stange gleich komplett ausbauen. Dann zeigt der Heli ein leicht instabileres Verhalten, welches den einrotorigen Helis etwas näher kommt.

Robuster FP-Heli: LMH Corona 120

Der LMH Corona 120 der amerikanischen Firma Lite Machines ist ein sehr robuster drehzahlgesteuerter Helikopter, der kleinere Abstürze problemlos wegsteckt, wenn man gewisse Modifikationen vornimmt (Heckrohrverstärkung durch Holzleiste, Verstärkung der Heckflosse). Die ältere Version Corona 110 ist derzeit nur noch als Gebrauchtware erhältlich.

Viele Piloten haben schon mit dem LMH das Fliegen erlernt und sind davon überzeugt, dass dies der ideale Einstiegshelikopter sei. Der Heli wird in Deutschland nur als Bausatz angeboten, aber das mitgelieferte Handbuch beschreibt jeden Schritt sehr gut nachvollziehbar. Der Zusammenbau ist selbst für den ungeübten Bastler in ein bis zwei Tagen möglich.

Besonders die einfache und sehr robuste Konstruktion von Hauptrotor und Paddel ist ein Vorteil bei harten Landungen. Die Rotorblätter sind extrem biegsam. Ein weiterer entscheidender Punkt ist die einfache Konfiguration: Verwendet man einen Gyro, der keinen Funkkanal zum Einstellen benötigt, so kann man sogar eine 4-Kanal-Fernsteuerung einsetzen und muss sich nicht einmal mit Heliprogrammen und Mischern beschäftigen.

Der Heckrotor wird über eine Welle angetrieben und das Gieren wird durch den Pitch der Heckrotorblätter geregelt. Im normalen Betrieb hat der Hauptrotor eine Drehzahl bis zu 2100 rpm.

Die hohen Anschaffungskosten sollten sich während der Lernphase durch den geringen Ersatzteilbedarf amortisieren.

Die Konstruktion und die Tragfähigkeit des LMH erlaubt es, Akkus von über 5000 mAh zu verwenden, so dass Flugzeiten von mehr als 30 Minuten möglich sind.

Der Anfänger kann mit diesem Heli die Grundlagen zum Steuern eines Helis lernen. Sogar kleinere Kunstflugmanöver sind möglich, aber für echten 3D-Flug benötigt man ein CP-Modell (pitchgesteuertes Modell). Es gibt auch bastelfreudige Piloten, die den LMH entsprechend umgebaut und die Anleitungen dazu im Internet veröffentlicht haben. Der Normalfall dürfte aber sein, dass man nach der Lernphase einen CP-Heli erwirbt.

3D-Heli: Align T-Rex 450 SE

Der T-Rex 450 der Firma Align ist ein voll ausgebauter CP-Heli, der ein gutmütiges Flugverhalten besitzt. Trotz seines geringen Gewichtes von etwa 700 Gramm ist er wegen der hohen Rotordrehzahl von etwa 2600 rpm auch bei Wind vom Anfänger kontrollierbar.

Die Firma Align bietet den T-Rex 450 in verschiedenen Versionen an. Der im Bild abgebildete T-Rex 450 SE ist beispielsweise eine Version, bei der die Taumelscheibe von drei Servos angesteuert wird. Es existieren auch Versionen mit einer Ansteuerung durch zwei Servos. Gemeinsam ist allen T-Rex-Versionen, dass der Heckrotor von einem durch das Heckrohr gezogenen Zahnriemen angetrieben wird. Übrigens gibt es auch einen großen Bruder des T-Rex 450: Der T-Rex 600 ist erheblich größer und ist zumindest für den Einstieg aufgrund seiner teureren Komponenten weniger geeignet.

Der Heli wird stets als Bausatz angeboten, wenngleich es Versionen auf dem Markt gibt, bei denen schon wichtige Teile zusammengesetzt wurden.

Wird der Heli mit einem Brushless-Motor betrieben, so ist er so kraftvoll, dass er problemlos kleinere Gewichte wie beispielsweise eine Foto-Kamera heben kann.

Im Normalfall betreibt man den T-Rex 450 mit einem 3-zelligen Lipo-Akku mit einer Kapazität von 2000 mAh bis 2500 mAh. Damit erreicht man je nach Flugstil Flugzeiten von bis zu 15 Minuten. Höherkapazitive Akkus passen leider nicht mehr unter die Standard-Haube.

Der T-Rex 450 ist unter anderem deshalb sehr beliebt, weil die meisten Ersatzteile sehr preiswert erhältlich sind. Wegen der großen Fangemeinde gibt es viele Webseiten und Foren, die sich mit diesem Heli beschäftigen. Insbesondere für den Einstieg ist es ideal, wenn man sich mit vielen anderen Besitzern eines T-Rex austauschen kann.

Überdies gibt es diverse Hauben zu kaufen, die aus dem normalen T-Rex einen Semi-Scale-Hubi zaubern.

Der Hersteller bietet optional einen Koffer mit zugeschnittenem Schaumstoff-Innenteil an, so dass man den Heli bequem und stoßsicher sogar im zusammengebauten Zustand transportieren kann.

Größere Modelle

Obwohl ein Heli mit zunehmender Größe und Gewicht leichter zu steuern ist, schrecken die hohen Kosten den Einsteiger zunächst ab. An dieser Stelle sollen aber auch (stichwortartig) einige größere Vertreter der Elektro-Helis vorgestellt werden, damit ein besseres Gesamtbild entsteht. Die Daten sind den Internetseiten der Hersteller entnommen. Da jedoch ständig Modifikationen vorgenommen werden und neue Versionen auf den Markt kommen, müssen die Angaben nicht mehr aktuell sein. Die Modelle sind aufsteigend nach Rotordurchmesser sortiert und die Angabe des empfohlenen Akkus ist ein guter Indikator für die Betriebskosten.

Cherokee 500
>Hersteller: CNC Deluxe
>Rotordurchmesser: 950 mm
>Abfluggewicht: 1600-1800g
>benötigte Akkus: ab 3S 3000mAh
>Gewicht ohne RC: 850 g
>http://www.cnc-deluxe.com

Acrobat SE
>Hersteller: Firma Stefan Plöchinger
>Rotordurchmesser: ca. 105 cm
>Abfluggewicht: 1500-1900 g
>Gewicht ohne RC, Motor, Akkus, Blätter: 620g
>empfohlene Drehzahlen: 1300-2000 rpm
>benötigter Akku: 4S Lipo mit ca. 3000-8000mAh
>Spezialität: Kunstflug
>http://www.eheli-tuning.de

Logo 10
>Hersteller: Mikado
>Rotordurchmesser: ca. 115 cm
>Abfluggewicht: 2400 g
>benötigter Akku: ab 12S
>http://www.mikado-heli.de

Three Dee MP-E
>Hersteller: Henseleit
>Rotordurchmesser: 1350mm
>Gewicht: 2,4kg Leergewicht mit Blättern ohne Akku
>empfohlener Akku: 10s2p-Lipo
>Spezialität: viele Konfigurationen möglich
>http://www.henseleit-helicopters.de

Acrobat Shark
>Hersteller: Firma Stefan Plöchinger
>Rotordurchmesser: ca. 155cm
>Abfluggewicht: 4100-5100g
>Gewicht ohne RC, Motor, Akkus, Hauptrotorblätter: 1920g
>empfohlene Drehzahlen: 1300-1800 rpm
>benötigter Akku: 10-12S Lipo mit ca. 4000-6000mAh
>http://www.eheli-tuning.de

Einige größere Modelle im Vergleich

Hilfsmittel und Werkzeuge

Pitchlehre

Ein wichtiges Hilfsmittel für die korrekte Einstellung der Blattanstellung ist die Pitchlehre. Mit diesem Werkzeug lässt sich genau ablesen, wie groß der Anstellwinkel der Hauptrotorblätter bei einer vorgegebenen Steuerknüppelposition ist.

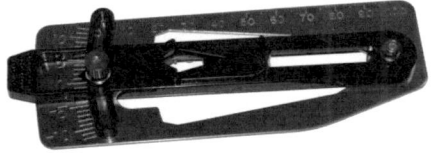

Die Pitchlehre wird zu 2/3 auf eines der zu vermessenden Hauptrotorblätter geschoben. Die Fernbedienung wird eingeschaltet, aber so eingestellt, dass der Motor nicht anläuft. Dies ist am besten durch Aufdrehen des Gaslimiters zu erreichen. Der nächste Schritt besteht in der Auswahl der Flugphase, für die die Messung

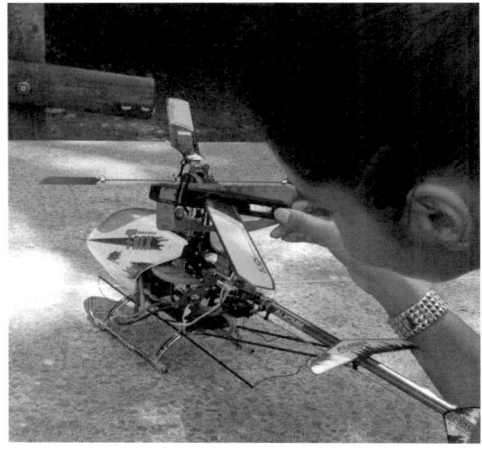

vorgenommen werden soll. Sind die Rotorblätter normal und einigermaßen waagerecht ausgerichtet, so lässt sich anhand eines Blicks über die Pitchlehre der Anstellwinkel zur dahinter verlaufenden Paddelstange ablesen.

Beim Bewegen des Gasknüppels ändert sich dieser Anstellwinkel. Wichtig sind die Endanschläge (wie stark reagiert der Pitch) und der Abhebewinkel, d.h. der Pitch bei Mittelstellung des Knüppels.

Der übliche Bereich für den Anstellwinkel geht von -10 Grad bis +12 Grad. Die Richt- und Maximalwerte sind bei jedem Heli anders und sollten in der Herstelleranleitung zu finden sein. Anfänger sollten den maximalen Bereich nicht ausnutzen und erst nach einer längeren Übungsphase überhaupt negative Pitchwerte zulassen.

Drehzahlmesser

Drehzahlmesser gibt es in allen Preisklassen und mit den verschiedenen Verfahren. Im unteren Preissegment sind die Geräte angesiedelt, die mit einer LED die Hell-Dunkel-Übergänge messen und dazu recht dicht am rotierenden Objekt gehalten werden müssen. Die korrekte Funktion

dieser Geräte ist abhängig vom Umgebungslicht. Sind die Rotorblätter dunkel, so muss das Gerät beispielsweise dicht unterhalb des "Drehtellers" gehalten werden, um zum hellen Himmel einen genügenden Kontrast zu bekommen. Der Autor rät von diesen Geräten ab, weil hier ein nicht unerhebliches Gefahrenpotenzial für die Hände besteht. Die Rotorblattspitzen erreichen problemlos Geschwindigkeiten von über 300 km/h! Man kann einen solchen Drehzahlmesser natürlich mit der Ausrichtung zum hellen Himmel am Heckrohr befestigen und später die erreichte Maximaldrehzahl ablesen, aber da der Rotor einen erheblichen Abwind produziert, ist auf eine sehr sichere Anbringung zu achten!

Zu den höherpreisigen Alternativen zählen die Geräte, die mit einem Laserstrahl arbeiten.

Diesen Geräten liegt in der Regel ein Reflektionsstreifen bei, der auf das rotierende Teil aufgeklebt werden muss. Alternativ kann man diesen Streifen auch am Boden befestigen, muss dann aber die angezeigte Umdrehungszahl durch die Durchläufe der Rotorblätter pro Umdrehung dividieren. Diese Geräte sind wesentlich sicherer, da sie in einem großen Abstand zum drehenden Rotor gehalten werden können. Außerdem ist der Einsatz unabhängig vom Umgebungslicht.

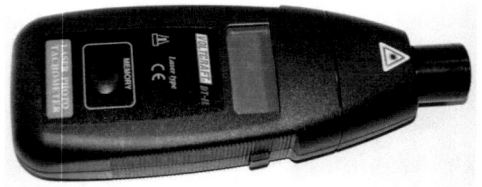

mit einem Teppichmesser leicht zurecht geschnitten werden kann, wenn für das eigene Helimodell kein spezieller Koffer angeboten wird.

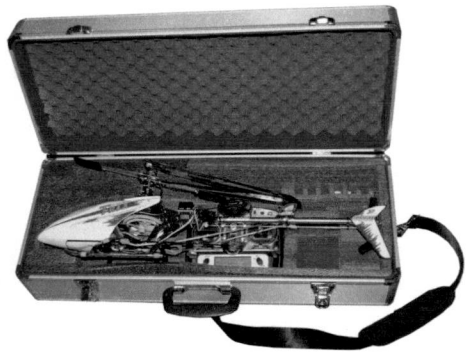

Transportkoffer

Der Transport eines kompletten Helis ist nicht ungefährlich. Insbesondere verbiegt man leicht das lange Heckrohr, wenn man nicht aufpasst. Einige Piloten zerlegen ihren Heli daher in kleinere Einheiten, die sie stoßsicherer transportieren können. Wenngleich es Helimodelle gibt, die sich sehr leicht zerlegen und wieder zusammenbauen lassen, erfordern die meisten Modelle jedoch wesentlich mehr Aufwand.

Mittlerweile bieten die großen Hersteller (z.B. Align, Walkera) für viele ihrer Modelle Transportkoffer an, in denen der Heli unzerlegt und inklusive Zubehör Platz findet. Diese Koffer sind innen mit Schaumstoff ausgelegt. Sie wiegen so um die 3,5 kg und kosten zwischen 40 und 80 EUR.

Im Internet gibt es diverse Anleitungen, wie man sich einen Koffer selbst zusammenbauen kann. Es sei aber auch gesagt, dass der Schaumstoff

Kugelkopfzange

Am Ende einer Anlenkstange oder eines Servoarms sitzt in der Regel ein Kugelkopf, der für eine Reparatur abgezogen werden muss. Sicherlich wurden bereits unzählige Fingernägel nach diesem Unterfangen schon mit in die Reparatur einbezogen! Leichter geht es mit einer sogenannten Kugelkopfzange. Diese kostet im

Fachhandel etwa 15 EUR und schont nicht nur die Fingernägel, sondern durch den gleichmäßigen Druck auch die Kugelköpfe und Anlenkgestänge.

Kameraflug

Mit dem Heli kann man nicht nur fliegen, sondern auch andere spielerische und nützliche Dinge anstellen. Eine häufige Anwendung ist das Abfilmen von Gelände und Objekten für die eigene private Internetseite als auch für professionelle Videoproduktionen. Sogar im Katastropheneinsatz wurden bereits ferngesteuerte Modellhelis mit Kamera eingesetzt, um in schwer zugänglichen Gebieten nach Überlebenden zu suchen.

Während die Profis mit viel Aufwand und hohen Kosten Videos in Kinoqualität produzieren, kann man auch mit wenig Aufwand und preiswerten Mitteln Videos aufnehmen, die zumindest das eigene Können wunderbar illustrieren - und wer möchte sich nicht mal selber von oben filmen! Allerdings sind gute Filme nur für den Fortgeschrittenen möglich, denn nur ruhige Flüge führen auch zu angenehmen Videos.

Übrigens ist das Aufnehmen von Videos leichter als das Fotografieren, denn für letztere Variante gibt es nur die Möglichkeit, den Selbstauslöser der Kamera zu nutzen oder mit etwas Bastelarbeit den Auslösemechanismus der Kamera manuell über den Sender zu triggern. Daher wird an dieser Stelle nur auf Videos eingegangen.

Die wichtigste Frage am Anfang eines solchen Videoprojekts sollte sein: Wie kommt der Film auf den Rechner oder den Videorekorder. Es gibt zwei grundlegend unterschiedliche Varianten: Die erste Variante besteht aus einer Kamera, die das Kamerabild per Funkübertragung zu einem Videorekorder oder Notebook mit Videoempfänger überträgt. Sie können zu jeder Zeit das Bild aus der Perspektive des Helis sehen und bei Bedarf eingreifen. Bei solchen Varianten müssen Sie darauf achten, dass nur erlaubte Frequenzen für die Funkübertragung verwendet werden!

Die andere Variante besteht im Einsatz einer preiswerten Digitalkamera mit Videofunktion. Damit sparen Sie sich den Transport der Empfangsanlage zum Flugfeld. Außerdem können Sie noch etwas Gewicht sparen, da der Sendeteil entfällt. Bei dieser Variante starten Sie die Aufnahme beim Start und beenden diese erst nach der Landung wieder.

Preiswerte Kameras mit Auflösungen bis zum VGA-Format (640x480 Bildpunkte) wiegen mittlerweile inklusive Batterien weniger als 150 Gramm und werden von den meisten Helis über 500 Gramm Eigengewicht problemlos in die Luft befördert. Es gibt sogar Kameras, die speziell für den Modellflug konzipiert sind (z.B. die 24 Gramm leichte FlyCam One). Allerdings ist der Einsatz einer DigiCam mit einem großen LCD zur Begutachtung der Videos noch auf dem Flugfeld auch von Vorteil.

Bei der Kamera sollte man zu einem Modell greifen, welches kein ausfahrbares Objektiv besitzt. Sollte es zu einem Absturz kommen, ist

die Chance größer, dass die Kamera unverletzt bleibt.

Für die Aufhängung am Heli bietet sich Klettband an. Die Bindung ist sehr stark und gleichzeitig etwas federnd, so dass leichte Vibrationen gedämpft werden. Befestigt man an vielen verschiedenen Stellen der Kamera Klettband, so kann man sie später flexibel umhängen, um andere Perspektiven aufzunehmen. Damit die Kamera unterhalb des Helis Platz findet, werden Sie den Heli "höherlegen" müssen. Eine Möglichkeit ist die Anbringung von kurzen Carbonfaserstangen an den Kufen, die den Heli auf vier winzigen Stelzen stehen lassen. Die Kamera lässt sich dann "im" Landegestell befestigen.

Je stärker der Heli vibriert, desto verwaschener wird das Video werden. Achten Sie daher darauf, dass der Spurlauf optimal eingestellt ist!

Außerdem hat jeder Heli im Schwebeflug je nach Drehrichtung des Hauptrotors eine leichte Neigung zur linken oder rechten Seite. Damit das Kamerabild später nicht schief ist, sollten Sie schon bei der Aufhängung darauf achten, dass die Kamera etwas verkippt befestigt wird. Des Weiteren sollten Sie darauf achten, dass die Kamera einigermaßen nahe unterhalb der Hauptrotorachse aufgehängt ist, damit die Gewichtsverteilung stimmt.

Es ist sicherlich spannend, Menschen von oben zu filmen. Doch bedenken Sie, dass es aus gutem Grund verboten ist, Menschen und Tiere zu überfliegen! Ausserdem müssen die gefilmten Menschen ihr Einverständnis geben, wenn das Video öffentlich gezeigt werden soll.

Transport von Traglasten

Viele "echte" Hubschrauberflüge dienen dem Transport von Lasten in unzugänglichen Gebieten. Da liegt es nahe, auch solche Situationen mit Modellhelis nachzuspielen. Doch die erste Frage muss natürlich sein, wie viel der Heli maximal tragen kann und ob ein Transport in Bodennähe ausreicht, denn oberhalb des Bodeneffekts benötigt der Heli eine größere Leistung!

Als erste Maßnahme müssen Sie sicherlich bei pitch-gesteuerten Helis den maximal möglichen Pitchwert mechanisch und senderseitig vergrößern, denn jetzt kommt es nicht mehr auf schöne elegante Rundflüge an, sondern auf die Tragleistung. Allerdings muss man Grenzen einhalten, damit der Heli auch später nach dem Absetzen des Gewichts bei reduzierter Drehzahl und vergrößertem Pitchwert noch steuerbar bleibt. Am besten lässt man mechanisch den größten Pitchwert zu und konfiguriert zwei Flugphasen, wobei nur bei der Lastentransport-Flugphase der ganze Pitchbereich ausgenutzt wird.

Das maximale Zusatzgewicht lässt sich am ungefährlichsten ermitteln, wenn man eine Küchenwaage benutzt. Auf dieser befestigen Sie

den Heli so gut, dass er niemals abheben kann. Dann legen Sie weitere Gewichte auf den Waagenteller und tarieren die Waage auf einen Wert, der oberhalb des zu erwartenden tragbaren Maximalgewichts liegt.

Starten Sie den Heli und beobachten Sie, wie sich mit zunehmendem Gasknüppel-Steuerausschlag die Gewichtsanzeige verringert. Lesen Sie den Wert bei maximalem Steuerknüppelausschlag ab und subtrahieren Sie ihn vom initial eingestellten Gewichtswert. Dies ist das theoretische Maximalgewicht, welches der Heli in Bodennähe tragen kann. Um allerdings noch eine Steuerfähigkeit zu gewährleisten, ist der Wert noch etwas zu verringern.

Der nächste Schritt besteht darin, den Heli so umzubauen, dass er die Last auch wirklich aufnehmen kann. Die einfachste Möglichkeit ist das Anbringen eines Angelhakens. Eine andere Variante ist die aktive Steuerung durch den Piloten. Sie brauchen hierzu einen zusätzlichen Kanal auf dem Sender und müssen diesem einen Geber zuordnen. Eine Möglichkeit ist die Befestigung eines durch den Piloten aktivierbaren Magneten, eine andere elegantere ist der Einbau eines zusätzlichen Servos mit langem Hebelarm, an dessen Spitze ein Angelhaken angebracht ist. Dieses Zusatzgewicht ist natürlich wieder von der maximalen Traglast abzuziehen!

Vergleich zum manntragenden Hubi

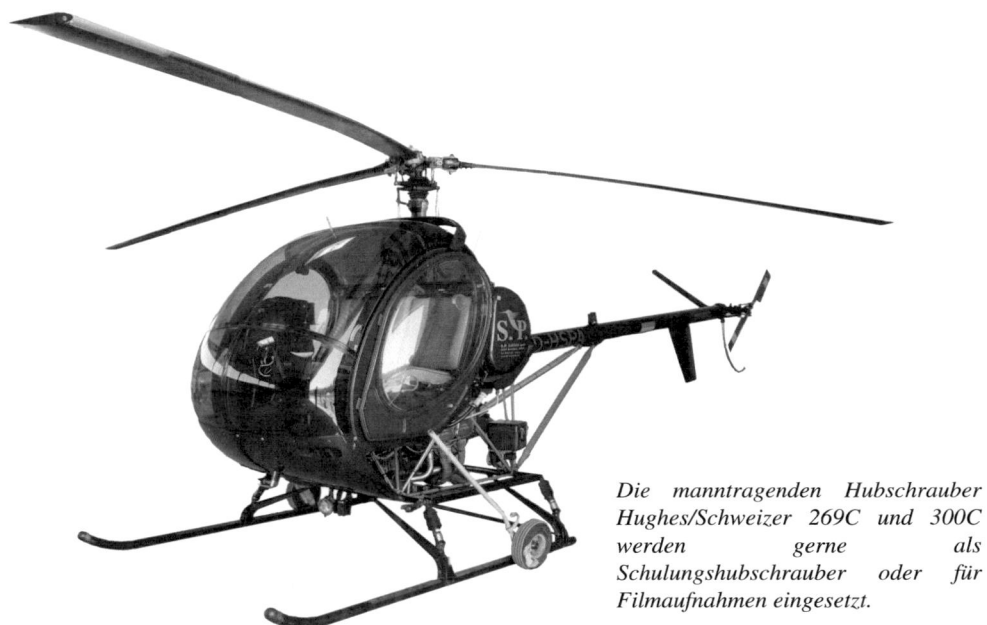

Die manntragenden Hubschrauber Hughes/Schweizer 269C und 300C werden gerne als Schulungshubschrauber oder für Filmaufnahmen eingesetzt.

Während der erste Modellhubschrauber erst 1972 kommerziell erhältlich war, gibt es manntragende freifliegende Hubschrauber schon seit 1907. Die ersten Versionen hatten erhebliche Stabilitätsprobleme, die auch beim Modellheli erneut wieder gelöst werden mussten. Die ersten manntragenden Hubschrauber erreichten übrigens nur eine Höhe von knapp 2 Metern und konnten diese Höhe auch nur für wenige Minuten halten.

Die manntragenden Hubschrauber sind in der Steuerung gar nicht so unterschiedlich zu den Modellhelis. Der größte Unterschied ist das Gewicht, welches zu einer gewissen Trägheit führt, und die Position des Piloten ist natürlich auch anders. Der Pilot nimmt üblicherweise auf

Für Schulungszwecke: Steuerknüppel von Lehrer und Schüler sind mechanisch miteinander verbunden

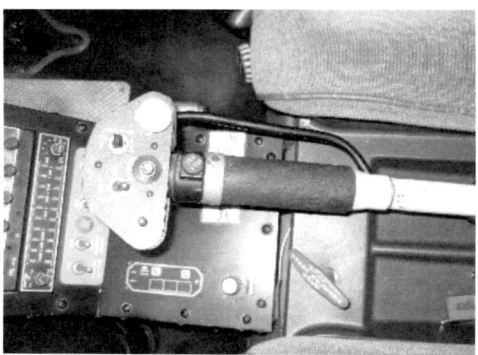

Der Pitchhebel in der Bell 206

dem rechten Sitz Platz. In Schulungshubschraubern ist auch der linke Platz ein Pilotensitz und die Steuerknüppel sind mechanisch miteinander verbunden.

In der Mitte (links vom Piloten) ist der Gas-Pitch-Hebel: Durch Ziehen des Hebels wird die

Der Steuerknüppel für Nick+Roll in der Bell 206

Blattanstellung verändert und die Steigleistung bestimmt. Durch Drehen am Hebel kann der Pilot die Drehzahl einstellen.

Zwischen den Beinen des Piloten befindet sich der Steuerknüppel für Nick- und Roll-Bewegungen. Zusätzlich sind auf diesem Steuerknüppel weitere Tasten für Zusatzfunktionen angebracht, damit der Pilot beispielsweise Lasten ablegen oder eine Kamera steuern kann.

Für die Gewichtseinsparung sind die wenigsten Hubschrauber mit Autopiloten ausgerüstet, so dass die Hubschrauber-Fliegerei tatsächlich zu großen Teilen Handarbeit ist. Das Instrumentenbrett informiert den Piloten über wichtige Flugzustände, aber die eigene Körperwahrnehmung ist für die meisten Piloten der wichtigste Sensor.

Wer sich über die kurzen Flugzeiten und teuren Akkus für seinen Modellheli ärgert, dem sei übrigens mitgeteilt, dass so ein manntragender Heli zwischen 150 bis 300 Litern Kraftstoff pro Stunde schluckt!

Die "Servos" in der Bell 206

Fachchinesisch

A-Band:
Die für den Modellflug reservierte Frequenz 35Mhz ist in ein A- und ein B-Band unterteilt. Das A-Band reicht von 35.030 bis 35.200 Mhz und enthält die Kanäle 63-80.

Autorotation:
Man versteht unter Autorotation den antriebslosen Gleitflug eines Helis, bei dem die Rotorblätter bei kleinem negativen Pitch weiterdrehen und wie bei einem Tragflächenmodell Auftrieb erzeugen. Im Falle eines Motorausfalls muss der Pilot sofort auf einen kleinen negativen Pitch umschalten, damit die Rotoren weiterdrehen und es zur Autorotation kommt. Da der Helikopter jedoch ein sehr schlechtes Gleitverhältnis besitzt, sinkt er sehr schnell, ist jedoch steuerbar. Der Pilot muss den Heli in einer Vorwärtsbewegung zu Boden steuern und in Bodennähe abfangen, indem er den Pitch wieder auf einen positiven Wert regelt. Im Idealfall wird der Heli sanft aufsetzen. Dieses Flugmanöver beherrschen nur Piloten mit langjähriger Erfahrung wirklich gut.

AVCS-Modus:
Der AVCS-Modus ist ein Arbeitsmodus des Gyros. Im Gegensatz zum normalen Modus, bei dem der Gyro nur das Drehmoment des Hauptrotors ausgleicht und damit ungewollten Drehbewegungen entgegenwirkt, arbeitet der Gyro im AVCS-Modus derart, dass er die Drehgeschwindigkeit kontrolliert, d.h. der Heli behält im AVCS-Modus das "Heading" bei, wenn er durch äußere Einflüsse gestört wird. Wenn der Heli also im AVCS-Mode schweben würde und man ihn mit der Hand um 90 Grad drehen und dann loslassen würde, würde er wieder in die ursprüngliche Richtung zurückdrehen. Das kommt daher, dass ein Gyro mit AVCS-Modus einen PID-Regler besitzt, der die Drehgeschwindigkeit aufintegriert und somit immer weiß, um wie viel er gedreht wurde.

Das muss natürlich ausgeblendet werden, wenn Steuereingaben gemacht werden. Abhängig von der Größe der Steuereingabe dreht der Heli mit einer bestimmten Drehgeschwindigkeit und wenn man dann das Steuer wieder in die Neutralstellung zurückbringt, merkt sich der Gyro die neue Richtung.

Balancer:
LiPo-Akkus mit 7,4 oder 11,1 V bestehen meist aus mehreren Zellen, die in Serie geschaltet sind. Ein Ladegerät, welches diese Zellen auf einmal lädt, berücksichtigt nicht, dass die Zellen unter Umständen verschieden schnell laden, bzw. vorgeladen waren. Ein Balancer gleicht dies aus.

Barebone:
Modell ohne weitere Komponenten

B-Band:
Die für den Modellflug reservierte Frequenz

35Mhz ist in ein A- und ein B-Band unterteilt. Das B-Band reicht von 35.820 bis 35.910 Mhz und enthält die Kanäle 182-191.

Bodeneffekt:
Die Steigkraft eines Heli ist abhängig von der Höhe, also der Entfernung zum Boden. Der Hauptrotor bläßt Luft nach unten. Je näher der Heli dem Boden ist, desto mehr muss die Luft zur Seite ausweichen. Daraus ergibt sich eine Art Luftkissen. Dies bewirkt, dass der Heli weniger Leistung braucht, wenn er in Bodennähe schwebt. Auf der anderen Seite zeigt er dort aber auch ein sehr instabiles Flugverhalten. Der Bodeneffekt reicht bis in eine Höhe von etwa dem halben bis ganzen Rotordurchmesser. Auf glatten Untergründen ist der Bodeneffekt größer als auf rauen.

Boom Strike:
Einschlag eines Hauptrotorblattes in das Heckrohr. Dies ist meist die Folge eines Absturzes. Einige Modelle sind anfälliger für den Boom Strike.

Brushless ("BL"):
Billige Motoren haben Bürsten als Schleifer, die den Strom übertragen. Diese nutzen sich bei längerer Benutzung ab. Dagegen haben "BL"-Motoren ohne Bürsten eine längere Laufzeit, die durch die Lager der Motorwelle bestimmt ist. Sie arbeiten mit außen angelegten Magnetfeldern, so dass eine andere Beschaltung notwendig ist. Dies muss die Heli-Steuerung (Regler) unterstützen.

Channel-Check:
Manchmal wird man als Modellflieger nicht alleine unterwegs sein, sondern sich die Luft und die verfügbaren Frequenzen mit anderen Piloten teilen. Um zu verhindern, dass zwei Sender auf dem gleichen Kanal funken, gibt es elektronische Helfer, die anzeigen, ob auf einer Frequenz schon ein Trägersignal liegt. In diesem Fall darf man den eigenen Sender bzw. dessen Hochfrequenzsignal nicht einschalten! Es gibt Sender, die diesen Channel-Check bereits eingebaut haben oder für die es als Option (nachrüstbar) verfügbar ist. Diese Sender ak-tivieren ihr HF-Signal erst, wenn der gewählte Kanal frei ist.

Chicken Dance:
Ähnlich einem Huhn, welches nach der Schlachtung kopflos unkontrollierte Flatterbewegungen ausführt, bezeichnet man im Helimodellsport mit Chicken Dance den unkontrolliert auf dem Boden herumflatternden Heli, der nicht mehr vom Piloten gesteuert oder abgeschaltet werden kann.

Collective Pitch:
Collective Pitch (oft als CP bezeichnet) steht für die kollektive Blattverstellung, durch die pitch-gesteuerte Helikopter während des Fluges eine Leistungsänderung bewirken, die im Schwebeflug zu einer Höhenänderungen führt. Bei beiden Rotorblättern wird die Blattanstellung simultan und gleichwertig gesteuert. Pitch-gesteuerte Helis werden auch als CP-Helis bezeichnet. Siehe auch Begriffserklärung zu "Pitch".

DMFV:
Die Abkürzung steht für "Deutscher Modellflieger Verband". Der DMFV bietet seinen Mitgliedern neben vielen Informationen, einer Mitgliedszeitung und zahlreichen Veranstaltungen auch eine Haftpflicht-Versicherung an, die durch optionale Zusatzversicherungen individuell angepasst werden kann.

Dual-Rate:
Dual-Rate bedeutet, dass der Servoausschlag bezüglich des Weges des Steuerknüppels proportional über den gesamten Servoweg erhöht oder reduziert wird.

Expo:
Expo ist die Abkürzung für Exponential. Wird diese Funktion an einer Computerfernsteuerung eingestellt, werden die Servoausschläge bei kleinen Steuerknüppelausschlägen entweder vergrößert oder verkleinert, je nachdem ob Expo positiv oder negativ eingestellt ist. Die Stärke der Ausschläge wird vom eingestellten Wert bestimmt.

Fail-Safe:

Wenn der Empfänger außer Reichweite des Sendesignals gerät, lassen sich mit einem Fail-Safe-Modul (zwischen Empfänger und Servos) vorher einprogrammierte Servo-Positionen anfahren.

FP-Heli:

Fixed-Pitch-Heli. Die Blattanstellung der Hauptrotorblätter kann nicht dynamisch im Flug geändert werden, sondern ist mechanisch fixiert. Siehe auch Begriffserklärung zu "Pitch".

Freilauf:

Ein Freilauf beim Heli ist etwa das gleiche wie ein Freilauf beim Fahrrad. Steht der Motor still und treibt die Hauptrotorwelle nicht mehr an, so kann der Rotor dennoch weiterdrehen. Der Vorteil ist der Schutz des Zahnrades beim schnellen Zurückdrehen der Motorleistung. Für die Autorotation ist der Freilauf unerlässlich.

Gieren:

Drehen des Helis um die Hochachse, steuerbar durch den Pitch des Heckrotors (oder dessen Geschwindigkeit je nach Modell)

Gleitzahl:

Die Gleitzahl ist ein Wert, der sich aus dem Gleitwinkel eines Luftfahrzeuges im stationären Gleitflug ergibt. In anschaulicherer Form wird sie auch als Gleitverhältnis dargestellt. Daraus lässt sich die horizontale Entfernung errechnen, die das Flugzeug in stiller Luft bei einem gegebenen Höhenverlust zurücklegt. Bei einer Autorotation (Bei Ausfall des Antriebs kann bei einigen Modellen der Blattanstellung umgekehrt werden, so dass die Rotoren selbstständig durch den im Fall nach oben ziehenden Luftstrom rotieren) bestimmt die Gleitzahl die Sinkgeschwindigkeit.

Governor-Mode:

Dies ist ein Modus des Motorreglers, der bewirken soll, dass die Motordrehzahl immer konstant gehalten wird, auch wenn durch eine Pitchveränderung die aufzubringende Motorkraft variiert. Dieser Modus ist nur für pitchgesteuerte Modelle interessant.

Gyro:

Der Gyro (oder auch Kreisel) ist ein Bauteil zur Stabilisierung des Modells um eine Achse; beim Heli wird dies die Hochachse sein. Im Modellbau werden in der Regel Piezokreisel eingesetzt, die zwar preiswert in der Herstellung sind, jedoch den großen Nachteil der Temperaturempfindlichkeit besitzen. Die meisten Gyros besitzen daher mindestens zwei Einstellmöglichkeiten: eine für die Empfindlichkeit und eine andere für die Mittelstellung. Da Gyros auch sehr empfindlich auf Vibrationen reagieren, sollten sie mit einer Schaumstoffunterlage auf dem Chassi befestigt werden.

Hold:

Hold bezeichnet eine Funktion des Empfängers, die bewirkt, dass bei einem Ausfall des Sendersignals das letzte empfangene Signal wiederholt wird. Alle Servos behalten ihre Position bei, bis das Sendersignal wieder empfangen wird - oder das Modell abgestürzt ist...

Indoor-Modell:

Wie der Begriff andeutet, ist ein solches Modell aufgrund seines Gewichtes oder seiner Flugeigenschaften nur für absolut windstille Lufträume geeignet. Idealerweise fliegt man diese Modelle im Haus oder in abgeschlossenen Räumen (z.B. Garagen, Sporthallen).

Jesus Bolt:

Zentrale Sicherungsschraube im Rotorkopf

Landegestell:

Hilfsmittel zur Übung von Landungen und zum Abfangen von "harten Landungen". Wird unter dem Heli montiert und vergrößert die Auflagefläche.

LiPo-Akku:

Lithium-Polymer-Akku. Im Gegensatz zu NiMh (Nickel-Metallhydrid) sind diese Akkus bei größerer Kapazität meist viel leichter. Allerdings muss man dazu auch ein für LiPo geeignetes Ladegerät besitzen!

LiPo-Saver:

Ein LiPo-Akku darf niemals ganz "leergeflogen" werden, weil dies zu einer Tiefentladung führt, die den Akku zerstört. Daher kann man einen LiPo-Saver einbauen, der genau dies verhindert, indem er eine Unterspannung anzeigt.

LMH:

Robuster Einstiegs-Helikopter der amerikanischen Firma Lite Machines. Es gibt ihn in verschiedenen Varianten, z.B. Corona 110 und Corona 120 (neuere Version). Gemein ist allen Typen, dass sie nicht pitchgesteuert sind, also die Höhe nur über die Rotordrehzahl gesteuert wird.

Mischer:

Eine elektronische Möglichkeit, meist in der Fernbedienung implementiert, zur Mischung zweier Signale mit unterschiedlichen Frequenzen. Wird beispielsweise benutzt, um durch die Knüppelbewegung auf einer Steuerachse auf der Fernbedienung sowohl eine Änderung der Drehzahl als auch des Pitches eines Rotors zu bewirken.

Mode I/II:

Mode I: Der "Gashebel" befindet sich auf der rechten Seite der Fernsteuerung. Mode II: Gas wird über den linken Hebel gesteuert.

Motorcontroller:

Der Motorcontroller oder (Drehzahl-)Steller dient der Regelung des Motors. Er hat eine elektrische Verbindung zu Akku, Empfänger und Motor und versorgt den Motor mit der für die gewünschte Drehzahl passenden Stromstärke.

Nicken:

Das Vorwärts/Rückwärts-Kippen des Helis, verursacht durch die entsprechende Bewegung der Taumelscheibe.

Paddel:

Die Paddel sind die Hilfsrotorblätter und dienen hauptsächlich der Stabilisierung des Helis. Außerdem wird durch die zyklische Veränderung ihres Pitches der Hauptrotor indirekt angesteuert.

Pitch:

Blattanstellung der Rotorblätter. Durch deren Änderung im Flug kann der Helikopter zum Steigen oder Sinken bei nahezu gleichbleibender Rotordrehzahl veranlasst werden. Nicht alle Modelle verfügen über die Möglichkeit, den Pitch zu steuern, vor allem die preiswerteren Modelle sind damit nicht ausgerüstet. Die Steuerung über Pitch ist allerdings die einzige Möglichkeit für viele Kunstfiguren, z.B. den "Rasenmäher" (auf dem Kopf fliegend über den Boden schweben). Trotzdem soll hier betont werden, dass der Anfänger zunächst nicht mit der Pitch-Steuerung beginnen sollte. Stattdessen sollte er das Steigen und Sinken über die Motordrehzahl kontrollieren, so dass er bei unkontrollierbaren Flugsituationen schnell den Motor abschalten kann, um seinen Heli nicht komplett zu zerstören.

PCM:

PCM steht für "Puls-Code-Modulation". Bei diesem Übertragungsprotokoll wird das eigentlich analoge Signal digital kodiert und an den Empfänger übermittelt. Ein analoger Wert setzt sich aus Bits zusammen, die jeweils den Wert 0 oder 1 annehmen können. Je mehr Bits für die binäre Kodierung zur Verfügung stehen, desto feiner ist die Quantisierung. Die Anzahl verwendeter Bits kann von Sender zu Sender variieren. Zusätzlich werden dem digitalen Signal Prüfbits hinzugefügt, anhand derer für den Empfänger die Gültigkeit des Signals erkennbar ist. Ungültige Signale werden ausgeblendet. Durch die Verwendung des PCM-Protokolls wird die Übertragung sicherer, da der Empfänger nur noch die
binäre Null oder Eins unterscheiden muss und anhand der Prüfbits sichergestellt wird, dass die ansteuernden Elemente (z.B. Servos) nur aufgrund von absolut korrekt empfangenen Signalen getriggert werden.

PPM:

PPM steht für "Pulse-Pause-Modulation". Sender, die mit diesem Übertragungsprotokoll arbeiten, übermitteln die Information über die einzustellende Servoposition mittels der Länge der übermittelten Impulse an den Empfänger. PPM ist ein herstellerübergreifender Standard, so dass sich Sender und Empfänger unterschiedlicher Hersteller verstehen können.

Rollen:
Das Seitwärts-Kippen des Helis, verursacht durch eine entsprechende Bewegung der Taumelscheibe.

RTF-Modell:
RTF steht für "Ready-to-fly" und bedeutet, dass ein solches Modell schon fertig zusammengebaut verkauft wird. Als Käufer spart man sich damit den Bastelaufwand und kann sofort mit dem Fliegen beginnen.

Scale-Modell:
Unter Scale-Modellen versteht man maßstabsgetreu nachgebaute Modelle realer Flugzeuge. Allerdings können Kompromisse bei der Verkleinerung einiger Komponenten wie z.B. der Tragflächen gemacht werden, um die Flugfähigkeit nicht zu mindern.

Steller:
siehe Motorkontroller

Steller-Mode:
Dies ist ein Modus des Motorreglers. In Abhängigkeit vom Gaswert, der vom Sender gesteuert wird, wird die Motorleistung eingestellt. Das bedeutet, dass der Sender alleine für die Motordrehzahl verantwortlich ist. Dieser Modus ist für drehzahlgesteuerte Modelle auszuwählen. Bei pitchgesteuerten Modellen muss der Pilot die Gaskurve so anpassen, dass auch bei großen Pitchwerten keine Reduzierung der Motordrehzahl passiert.

Synthesizer:
Bei Fernsteuerungen bedeutet dies, dass zur Frequenz- bzw. Kanalwahl kein Quarz mehr eingebaut werden muss. Stattdessen wird direkt mit dem Synthesizer im Sender der gewünschte Kanal ausgewählt.

Taumelscheibe:
Die Taumelscheibe ist das große Kugellager auf der Hauptrotorwelle. Der Innenring dreht mit der Rotorwelle, während der äußere nicht-drehende Ring bei Pitch-, Nick- und Roll-Steuerbewegungen ausgelenkt wird.

T-Rex:
T-Rex steht für eine Modellserie der Firma Align. Die anschließende Zahl steht für dessen Größe: man kennt die Versionen 450 und 600. Vor allem den T-Rex 450 gibt es in vielen verschiedenen Varianten. Größte Unterschiede sind dabei die Ansteuerung der Taumelscheibe und das verwendete Material.

Guten Flug!